KB275924

엑스포지멘터리 성경공부 시리즈

사도행전(I) 인도자용

사도행전 1-15장

엑스포지멘터리 성경공부 시리즈

사도행전(Ⅰ) 

사도행전 1-15장

| 송병현 · 임우민 지음 |

차례

『사도행전 I』 엑스포지멘터리 성경공부 오리엔테이션
(60분 소요)

* 한 주의 성경공부는 60분을 기준으로 구성되어 있으나 그룹의 요구와 형편에 따라 조절할 수 있습니다.

* 첫 번째 모임의 오리엔테이션은 다음과 같은 구성으로 진행합니다.

1. 찬양과 기도(5분)

찬양은 필요에 따라 선택할 수 있습니다. 이후 인도자의 짧은 기도로 모임을 시작하십시오.

2. 자기소개(10분)

1) 서로 잘 아는 사이의 그룹일 경우: 한 명씩 돌아가며 자기소개를 하게 하십시오. 본인의 성격을 동물이나 꽃에 비유하는 것도 자신의 특성을 잘 소개할 수 있는 방법입니다.

2) 서로 잘 모르는 사이의 그룹일 경우: 두 명이 한 조를 이루어 3분가량 자신이 '제일 잘하는 것 한 가지'를 서로 나누게 합니다. 이후 돌아가며 서로의 짝을 소개하는 시간을 갖습니다. 쑥스러운 분위기를 부드럽게 만들기 위해 인도자가 먼저 자기소개를 하면서 어떻게 소개하는지 보여 주는 것이 좋습니다.

3. 학생용 책 나누어 주기(5분)

인도자용 교재는 인도자의 효율적인 인도를 위한 것입니다. 구성원들에게 나누어 주지 마십시오.

4. 엑스포지멘터리 성경공부에 대한 소개(2분)

'엑스포지멘터리'(EXPOSItory+commentary=Exposimentary, 해설주석)는 '해설, 설명'을 뜻하는 'expository'와 '주석'을 뜻하는 'commentary'를 합성한 단어입니다. 본문의 뜻이나 저자의 의도와는 연관성 없는 주제와 묵상으로 치우치기 쉬운 expository의 한계와 필요 이상으로 논쟁적이고 기술적일 수 있는 commentary의 한계를 극복함으로써 가르치는 사역에 도움을 주기 위한 새로운 장르입니다. 성경공부의 가장 핵심적인 목적은 **올바른 성경 해석**과 **적절한 말씀 적용**입니다.

5. 『사도행전』 서론(20분)

* 학생용 교재를 사용해 함께 나눕니다.

* **『사도행전 I』** 시작 전에 서론 부분을 나눕니다. 사도행전 성경공부 교재는 총 2권으로 구성됩니다. 1권에서는 1~15장, 2권에서는 16~28장의 핵심 내용을 다룹니다.

* 내용이 길 수 있으니 미리 읽어 오도록 권유합니다.

1) 사도행전의 중심 메시지
    (1) 하나님   (2) 예수 그리스도
    (3) 구원   (4) 전도와 선교
    (5) 공동체   (6) 성령
    (7) 종말

2) 사도행전의 구조와 개요
    I. 서론(1:1-11)
    II. 예루살렘(1:12-6:7)
    III. 유대와 사마리아(6:8-9:31)

Ⅳ. 팔레스타인과 수리아(9:32-12:24)
Ⅴ. 아나톨리아(12:25-15:35)
Ⅵ. 그리스(15:36-21:16)
Ⅶ. 로마(21:17-28:31)

6. 서류 작성(5분)

교재의 마지막 장에 있는 '비밀 유지 서약서'의 의도를 설명해 주고 서명하게 합니다.

7. 기대와 포부(5분)

성경공부 모임을 통해 기대하는 것을 구성원 중 2명 정도 이야기하게 합니다.

8. 숙제와 실천과제(5분)

다음 주의 '말씀 돋보기' 부분을 숙제해 오게 합니다.
실천과제로 『**사도행전**』 전체를 읽을 수 있는 데까지 소리 내어 지속적으로 12주 동안 읽어 오게 하십시오.

9. 기도

다 함께 이 성경공부 모임을 위해 기도하십시오.
다음 모임의 약속 시간과 장소를 다시 한번 공지하십시오.

* 두 번째 모임부터는 다음과 같이 시간을 구성합니다.

10. 이 책의 구성 및 사용 방법

1) 복습 - 소요 시간 5분

- 복습은 지난주에 배운 말씀 중 가장 핵심적인 부분을 이해하고 있는지 확인하는 부분입니다.

– 지난주에 결단했던 '생활의 아로마'가 어떻게 진행되었고, 삶에 어떤 변화를 가져왔는지 간단히 나눕니다.

2) 말씀 돋보기(관찰) – 소요 시간 20분

– '말씀 돋보기'는 숙제로 제시합니다.
– '말씀 돋보기'는 Tip을 제시하고 있으며, Tip을 자세히 읽으면 스스로 답을 찾을 수 있습니다. 그러나 되도록 성경에서 답을 찾아 기록하게 하고, 이후에 문제를 이해했는지 Tip을 통해 확인하게 하십시오.
– 문제를 함께 풀면서 필요한 추가 설명을 곁들입니다. 문제를 풀고 이해하는 데 어려움이 없었는지 확인합니다.

3) 삶의 내비게이션(적용) – 소요 시간 25분

– '삶의 내비게이션'은 모임 시간에 함께 나누는 부분입니다.
– 인도자의 역할은 '삶의 내비게이션'에 있는 Tip을 사용해 '말씀 돋보기'와 연결되는 삶을 나누고 방향을 함께 볼 수 있도록 안내하는 것입니다.
– '삶의 내비게이션'의 질문은 과거, 현재, 미래형으로 구성되어 있습니다.

4) 생활의 아로마(실천) – 소요 시간 5분

– '생활의 아로마'는 구체적인 실천과제를 학생 스스로 적고 실천하는 부분입니다.
– 매주 모임에서 토론한 내용 중 각자의 상황과 결단에 맞추어 한 가지 정도 구체적인 실천과제를 제시합니다. 실천과제에 대한 나눔은 다음 번 모임을 시작할 때 나눕니다.
– 나눔의 깊이는 성령님의 인도하심, 인도자의 지혜, 그리고 그룹 구

성원의 서로에 대한 신뢰 정도에 따라 차이가 있을 수 있습니다.
– 학생용 교재 마지막 장에 있는 『**사도행전 I**』 성경공부를 통한 삶의
변화 일지'를 사용해 엑스포지멘터리 성경공부를 통해 삶이 어떻게
변화되고 어떤 결과가 나타났는지 볼 수 있습니다.

<엑스포지멘터리 성경공부 시리즈 구성>

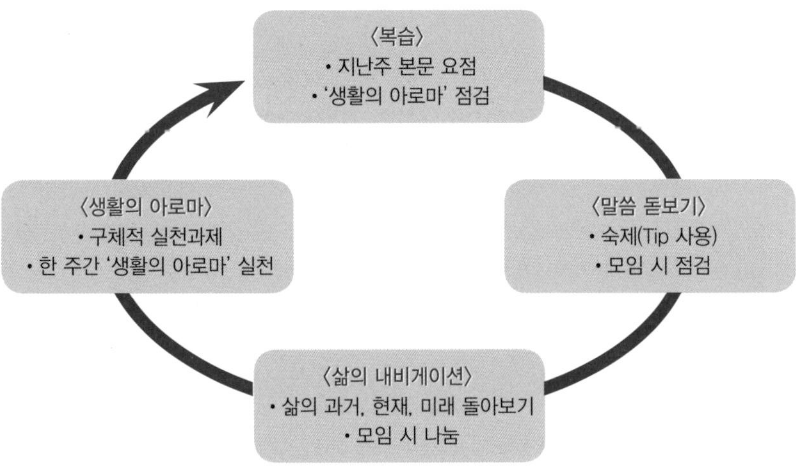

사도행전 서론

신학자 중에는 사도행전을 신약에서 가장 중요한 책이라 하는 이들이 있는가 하면, 신약을 구성하는 정경 순서상 복음서에서 서신서로 이어지는 중간 지점에 있다는 점에서 신약의 중심축이라고 하는 이들도 있다. 사도행전은 예수님이 승천하신 후 교회가 어떻게 시작되었고, 어떤 메시지를 선포했으며, 어떤 사역을 했는지를 연구하는 데 가장 중요한 자료임이 확실하다.

신약의 서두를 장식하는 네 복음서는 온 인류의 구세주가 되시는 예수 그리스도께서 선포하신 복음에 관한 책이다. 복음서가 '복음'을 정의했다면, 사도행전은 제자들과 사도들이 이 '복음'을 가지고 예루살렘과 유대를 떠나 어떻게 '땅끝'을 향해 나아갔는지를 역사적으로 회고한다. 사도행전은 28장에서 마무리되지만 지난 2,000년 동안 교회가 29장을 써 내려가고 있으며, 이 29장은 주님이 다시 오실 때까지 교회를 통해 현재 진행형으로 이어질 것이다.

1. 저자와 저작 시기

우리는 누가를 누가복음-사도행전의 저자로 알고 있지만, 정작 이 책들은 저자의 이름을 밝히지 않는다. 그럼에도 누가를 이 책의 저자로 지목하는 중요한 증거는 초대교회가 남긴 증언과 사도행전의 '우리'(we) 섹

선이다(16:10-17; 20:5-15; 21:1-18; 27:1-28:16). 순교자 저스틴은 160년경 바울을 따르던 사람이 예수님에 관한 책을 남겼다는 말을 남겼고, 10여 년 후에 저작된 '무라토리의 정경'은 안디옥 출신 의사 누가가 누가복음-사도행전의 저자라고 했다. 비슷한 시기에 이레네우스는 누가를 이 책들의 저자로 지목하며 그가 바울의 떼어 놓을 수 없는 동반자였다고 말했다. 여러 자료를 바탕으로 2세기 말부터 교회는 이 책들의 저자가 누가라는 것을 반박의 여지가 없는 사실로 여겼다.

학자들은 대부분 사도행전의 저작 시기를 주후 80-95년 사이로 본다. 그러나 만일 누가복음-사도행전이 같은 시기에 저작되었다면 저작 시기를 주후 60년대로 보는 것이 무난하다.

2. 저작 목적

학자들이 제시한 사도행전의 저작 목적 중 주목할 만한 것은 다음과 같다. 첫째, 사도행전은 기독교 교회와 초창기 역사를 가르침으로써 유대인과 이방인 성도들이 나사렛 예수의 복음을 통해 한 백성이 되어 한 믿음으로 한 하나님을 섬기도록 유도하기 위해 집필되었다. 둘째, 기독교가 어떻게 유대교에서 독립하게 되었는지 등을 역사적으로 회고하며 합리적으로 설명하기 위해 저작되었다. 셋째, 구약의 여러 선지자가 오실 것이라고 예언했던 메시아가 바로 나사렛 예수라는 사실을 알림으로써 하나님의 구속사가 아직 진행되고 있으며, 기독교 믿음이 역사적 증거에 근거한다는 확신을 주기 위해 쓰였다. 넷째, 초대교회가 연합해 각자의 신학적인 차이 등을 극복하고, 교회 밖 문제(우상 숭배 등)와 교회 내 문제(이단 등)에 대응하게 하고자 집필되었다. 다섯째, 교회 공동체 안에 존재하는 격차와 차별 등을 해결해 구성원의 삶에 실제적인 도움을 주기 위해 저작되었다.

사도행전은 그리스도인이 자신의 신앙을 돌아보고, 불신자들을 전도하며, 구원에 이르게 하는 복음을 제시하는 일을 돕기 위해 저작되었다. 이는 매우 보편적이라 할 수 있지만 대부분 구약과 신약 정경이 이러한 목적을 지닌다. 그러므로 사도행전이 저작된 이유 역시 가장 잘 설명한다.

3. 신학적 메시지

(1) 하나님

우리의 구원은 예수님을 통해 이루어지지만, 이 구원을 실현하시는 분은 하나님이시다. 온 세상을 창조하신 하나님은 태초부터 메시아를 통해 세상 만민을 구원할 계획을 세우시고, 적절한 때가 이르자 그 계획을 실행하셨다. 누가는 사도행전을 통해 헌정자인 데오빌로에게 하나님의 역사는 누구도 막을 수 없으며, 하나님은 태초에 계획하신 인류 구원 사역을 앞으로도 꾸준히 진행하실 것이라고 전한다. 하나님은 성령을 보내시고(2장), 사도들을 통해 기적을 행하신다(3장). 죄인들을 심판하시고(5장), 순교자 스데반을 천국으로 맞아들이신다(7장). 빌립을 에디오피아 환관에게 인도하시고(8장), 사울(바울)을 회심시키신다(9장). 고넬료를 베드로가 머무는 집으로 보내시고(10장), 바나바와 바울을 선교사로 세우시며 그들에게 권능도 주신다(13장). 바울과 함께하며 그를 보호하시고, 그를 통해 사역하신다(16-28장). 이처럼 하나님은 책에 등장하는 인물들과 그들의 삶에 깊이 관여하시기 때문에 어떤 이들은 사도행전을 '하나님 행전'(Acts of God)이라 하기도 한다.

(2) 예수 그리스도

누가는 나사렛 예수만이 인류의 유일한 구세주라고 한다. 사도행전은 예수님이 누구신지에 대해 주로 등장인물의 스피치를 통해 말한다. 예수님은 하나님이 오래전에 약속하신 구세주이시고, 그리스도이시다(2장). 하나님이 아브라함에게 주신 예언을 성취하신 분이며, 죄인들을 위해 십자가에서 죽임당했다가 부활하신 하나님의 거룩하신 이요, 하늘에 머무시다가 장차 세상을 심판하기 위해 이 땅에 다시 오실 분이다(3장).

예수님은 하나님께 보내심을 받은 메시아시고(2:36; 3:20; 5:42; 8:5; 17:3; 18:5), 하나님의 아들이시며(9:20; 13:33), 또한 다윗의 자손이시다(2:30; 13:23). 모세에 버금가는 선지자시며(3:22-23; 7:37), 주님이시다(3:26; 10:36). 하나님의 종이고(3:13, 26; 4:30; 8:32-33), 인자이시다(7:56). 예수님은 의로우시며(3:14; 7:52; 22:14), 생명의 주님이시

다(3:15). 또한 그리스도인을 인도하는 구세주시다(5:31). 그리스도인은 귀신을 쫓는 일부터 세례를 베푸는 일까지 모두 예수님의 이름으로 해야 하며(2:21, 36, 38; 3:6; 4:12, 30; 5:28, 40-41; 8:16; 9:14-16, 21, 27-28), 사도들이 기적을 행할 때도 예수님의 이름으로 행해야 한다(3:6; 4:10; 9:34). 그러므로 한 주석가는 사도행전을 '부활하신 주님의 행전'(Acts of the Risen Lord)으로 부르기도 한다.

(3) 구원

사도행전은 누구든지 회개하고 예수님을 구주로 고백하면 구원에 이른다고 한다. 누가는 구원이 먼저 유대인에게, 그다음 이방인에게 임하지만, 또한 두 그룹에 거의 동시다발적으로 임한다고 한다. 아브라함의 후손인 이스라엘 백성에게 임할 것이라고 했던 구원이 드디어 임했다며 구약에 예언된 말씀의 구체적인 실현을 회고한다. 동시에 이 구원이 모든 이방인에게 임했다고 한다. 그러므로 유대인과 이방인을 막론하고 세상 사람 누구든지 주의 이름을 부르는 자는 하나님이 구원하시는 백성이 된다. 따라서 더는 유대인과 이방인의 차별이 있을 수 없다.

누가에 따르면 구원은 하나님께 죄 사함을 받음으로써(2:38; 3:19; 5:31; 13:38-39; 15:9) 영원한 죽음에서 해방되는 것이다(13:46). 또한 질병에서 해방되는 것이며(3:7-8; 4:8-12; 28:7-9), 무지에서 벗어나는 일이다(3:17, 27; 17:30). 연약한 자들을 건져 내는 일이며(12:4-11; 16:30-31), 가난과 배고픔에서 해방시키는 일이고(4:33-34), 악령(5:16; 16:16-18; 19:11-20; 26:17-28)과 자연재해(27:21-26, 31-44)로부터 보호받는 일이다.

그렇다면 복음에 어떻게 반응해야 구원에 이르게 되는가? 누가는 다양한 명령문으로 복음에 대한 반응을 유도한다: '들으라'(2:22; 7:2; 8:6; 13:7, 16; 15:13; 19:10; 28:28), '믿으라'(3:16; 8:12-13; 11:17, 21; 13:12; 14:23; 15:11; 18:8), 세례를 받으라'(2:41; 8:38; 9:18; 16:15, 33; 19:1-5), '하나님께 돌아서라'(3:19; 9:35; 11:21; 20:21 26:20), '청하라'(8:31; 9:5; 10:30-33; 24:24; 26:17-18), '낯선 사람을 대접하라'(16:15, 33-34; 28:7-10). 사람이 구원에 이르려면 회개해야 하는데,

회개는 복음에 지적으로 반응하는 일이며, 또한 삶에서 실천적으로 반응하는 것이다.

(4) 전도와 선교

사도행전은 시작부터(1:8) 끝까지(28:28) 세상 만민에게 복음 전파하는 일을 가장 중요한 주제로 삼는다. 전도와 선교는 하나님이 예수님을 통해 구원을 이루셨다는 것과 예수님이 누구이신지(구세주, 그리스도, 심판주)를 선포하는 것이다.

전도와 선교는 하나님의 부르심을 실천하는 일이다(15:11). 대상은 가난한 과부, 지역 지도자, 상인, 간수, 선원, 백부장, 지방 장관, 총독, 왕, 철학자 등 남녀노소를 가리지 않는다(2:17-18). 또한 전도와 선교는 고난과 아픔을 감수해야 하는 거룩한 일이다. 다행인 것은 전도자와 선교사가 복음을 선포하다가 겪는 고난과 아픔도 하나님의 통제 안에서 이뤄진다는 점이다.

사도행전에서 전도와 선교가 이방인들을 향하기 시작한 것은 빌립이 에디오피아 환관에게 복음을 전한 때부터다(8장). 이후 하나님은 베드로를 고넬료에게 인도하신다(10장). 사도행전에서 바울은 이방인 전도와 선교의 롤모델이다. 그러므로 학자들은 사도행전을 '선교 역사'(mission history)라 하기도 한다.

(5) 공동체

누구든지 회개하고 예수 그리스도를 구주로 영접하면 성령을 통해 하나님 백성 공동체에 속하게 된다. 교회는 유대인 중 예수님을 메시아로 믿는 사람들을 유대교와의 연결 고리로 삼았다. 교회는 하나님의 백성이었던 옛 이스라엘을 이어 가는, 그러나 완전히 새로 회복된 이스라엘 공동체다. 저자가 예수님을 이스라엘의 구원자로, 또한 온 인류의 구원자로 묘사하는 것은 교회가 옛것(구약과 유대인의 전통)을 완전히 포기하지 않으면서 새것(신약과 이방인의 시대)을 껴안게 하기 위해서다.

예수님이 세우신 공동체인 교회는 처음부터 매우 활동적이고 전도와 선교에 열정적이었다. 이 일을 위해 성도들은 아낌없이 나누었으며, 힘을

합해 공동체의 통일과 연합을 방해하는 요소들을 해결해 나갔다. 공동체는 자체적으로 세례를 베풀고, 함께 예배하고, 서로 친교하고, 말씀을 가르치고, 기도하는 곳이었다(cf. 2:38-47; 4:23-31). 또한 가난한 성도들이 물질적 도움을 기대할 수 있는 곳이었다(4:32-37; 6:1-6). 이들은 성령의 인도하심에 따라 공동체 밖에 있는 사람들을 전도했다(13:1-2).

(6) 성령

교부 크리소스토무스는 이 책을 '사도행전'이 아니라 '성령행전'으로 불러야 한다고 했다. 1장은 성령을 보내실 것이라는 하나님의 약속으로 시작하며, 2장은 오순절에 성령이 어떻게 임하셨는지를 회고한다. 그리고 책의 나머지 부분은 마가의 다락방에 임하신 성령이 교회를 통해 어떻게 역사하셨는지를 설명한다.

오순절에 임하신 성령은 메시아의 새로운 시대의 시작을 알리신다(1:4, 8). 성령은 하나님과 죄인의 관계를 하나님이 의도하신 대로 회복되게 하는 선물이다(2:39-40). 사역자들에게 능력과 권능을 주시며(2:4-12; 4:8), 성도들에게는 방언 등의 은사를 선물로 주신다(2:4, 11; 10:46; 19:6). 그러나 죄인들은 심판하신다(5:1-11). 사도들의 고백을 주관하시며(15:28), 바나바와 사울을 사역자들로 세우신다(13:1-2).

성령은 예수님의 삶과 사역에 대한 증인이 되시며, 예수님으로부터 오셨다. 따라서 '예수님의 영'으로 불리기도 한다(16:7). 삼위일체의 제3위(位)이신 성령은 구약이 말하는 '하나님의 영'이시다. 성령은 믿는 자들이 증인이 되도록 능력과 권능을 주신다.

(7) 종말

사도행전은 세상이 끝나는 날에 대해 누누이 증언한다(2:17; 3:19-26; 10:42; 17:30-31). 저자의 종말론을 한마디로 표현하면, 종말이 언제 오는지 별 관심이 없지만 '반드시 온다'는 것이다. 종말은 예수님이 다시 오시는 날이며(1:10-11), 성령이 모든 사람에게 임하는 날이다(2:17). 공동체가 회복되는 날이며(3:21), 세상 만민에게 심판이 임하는 날이다(17:31). 하나님의 최종적이고 절대적인 승리의 날이기도 하다.

초대교회에는 예수님이 미래에 오실 것이라는 종말론과 더불어, 종말이 이미 시작되었다는 실현된 종말론도 함께 존재했다. 사도행전뿐 아니라 신약 전체가 종말이 이미 시작되었지만, 또한 미래에 완성될 것이라고 한다. 그러므로 오늘날 학자들은 신약의 종말론을 '이미-아직'(already-not yet)으로 설명하는 '시작된 종말론'을 지향한다. 성경적 종말론에서 하나를 강조하기 위해 다른 것을 포기하는 일은 옳지 않다는 것이다. 두 가지 모두 성경적이기 때문이다. 예수님은 반드시 미래에 재림하실 것이다. 또한 이미 우리와 함께하시면서 종말을 바라보며 일하신다.

4. 구조

사도행전은 예수 그리스도의 복음이 예루살렘을 출발해 로마에 이르기까지의 일을 회고한다. 로마에 도착한 복음은 땅끝을 향해 갈 것이다. 이러한 상황을 고려해 사도행전을 다음과 같이 복음의 전진을 바탕으로 구분한다.

> Ⅰ. 서론(1:1-11)
> Ⅱ. 예루살렘(1:12-6:7)
> Ⅲ. 유대와 사마리아(6:8-9:31)
> Ⅳ. 팔레스타인과 수리아(9:32-12:24)
> Ⅴ. 아나톨리아(12:25-15:35)
> Ⅵ. 그리스(15:36-21:16)
> Ⅶ. 로마(21:17-28:31)

제1주 기도 그리고 기다림

학습목표

예수님이 우리에게 맡기신 사명은 무엇인지 깨닫고, 그 사명을 감당할 수 있도록 성령의 능력을 부어 주시기를 기도하며 기다린다.

KEYWORD **기다림, 재림, 기도**

I. 찬양과 기도

II. 복습문제 풀이

 **복습**

1 복음서가 예수 그리스도께서 선포하신 복음을 정의한다면, 사도행전은 무엇에 관해 회고하는가?(서론)

제자들과 사도들이 복음을 가지고 예루살렘과 유대를 떠나 어떻게 땅끝을 향해 나아갔는지를 역사적으로 회고함

III. 말씀 사도행전 1:1-14을 다 함께 읽는다

[1:1] 데오빌로여 내가 먼저 쓴 글에는 무릇 예수께서 행하시며 가르치시기를 시작하심부터 [2] 그가 택하신 사도들에게 성령으로 명하시고 승천하신 날까지의 일을 기록하였

노라 ³ 그가 고난 받으신 후에 또한 그들에게 확실한 많은 증거로 친히 살아 계심을 나타내사 사십 일 동안 그들에게 보이시며 하나님 나라의 일을 말씀하시니라 ⁴ 사도와 함께 모이사 그들에게 분부하여 이르시되 예루살렘을 떠나지 말고 내게서 들은 바 아버지께서 약속하신 것을 기다리라 ⁵ 요한은 물로 세례를 베풀었으나 너희는 몇 날이 못되어 성령으로 세례를 받으리라 하셨느니라 ⁶ 그들이 모였을 때에 예수께 여쭈어 이르되 주께서 이스라엘 나라를 회복하심이 이 때니이까 하니 ⁷ 이르시되 때와 시기는 아버지께서 자기의 권한에 두셨으니 너희가 알 바 아니요 ⁸ 오직 성령이 너희에게 임하시면 너희가 권능을 받고 예루살렘과 온 유대와 사마리아와 땅 끝까지 이르러 내 증인이 되리라 하시니라 ⁹ 이 말씀을 마치시고 그들이 보는데 올려져 가시니 구름이 그를 가리어 보이지 않게 하더라 ¹⁰ 올라가실 때에 제자들이 자세히 하늘을 쳐다보고 있는데 흰 옷 입은 두 사람이 그들 곁에 서서 ¹¹ 이르되 갈릴리 사람들아 어찌하여 서서 하늘을 쳐다보느냐 너희 가운데서 하늘로 올려지신 이 예수는 하늘로 가심을 본 그대로 오시리라 하였느니라 ¹² 제자들이 감람원이라 하는 산으로부터 예루살렘에 돌아오니 이 산은 예루살렘에서 가까워 안식일에 가기 알맞은 길이라 ¹³ 들어가 그들이 유하는 다락방으로 올라가니 베드로, 요한, 야고보, 안드레와 빌립, 도마와 바돌로매, 마태와 및 알패오의 아들 야고보, 셀롯인 시몬, 야고보의 아들 유다가 다 거기 있어 ¹⁴ 여자들과 예수의 어머니 마리아와 예수의 아우들과 더불어 마음을 같이하여 오로지 기도에 힘쓰더라

🔍 말씀 돋보기(관찰)

1 사도행전은 저자 누가가 누구에게 헌정한 책인가? 저자가 먼저 쓴 글은 무엇이며, 그 책에 무슨 일을 기록했는가?(1:1–2, Tip)

   a) 헌정한 대상(1절): 데오빌로

   b) 먼저 쓴 글(Tip): 누가복음

   c) 무슨 일(2절): 예수님이 행하시고 가르치시기 시작한 일부터 사도들에게 성령으로 명하시고 승천하신 날까지의 일

누가가 누가복음과 사도행전을 저작한 시대에는 저자가 자신의 책을 특정 인물에게 헌정하는 것이 흔한 일이었다. 누가도 자신이 쓴 책(누가복음, 사도행전)을 데오빌로라는 사람에게 헌정한다. 데오빌로는 '하나님의 친구, 하나님이 사랑하시는 자'라는 의미를 지닌 이름이다. 누가가 데오빌로를 '각하'라고 부르는 것으로 보아, 그는 사회적 지위가 상당히 높았던 실제 인물이었음이 확실하다. 아마도 누가가 누가복음–사도행전을 출판할 수 있도록 재정을 지원한 후견인이었을 수 있고, 독자 중 가장 중요한 인물이었을 수도 있다. 데오빌로는 당신 기독교 신앙에 가해진 온갖 비방과 핍박으로 인해 신앙이 흔들리는 사람이었을 것이다. 이에 누가는 자신의 책을 통해 그가 믿는 기독교가 확고한 역사적 진실과 진리에 근거하고 있음을 알리며 신앙을 굳건히 하도록 격려한다.

누가가 1절에서 언급한 '먼저 쓴 글'은 누가복음을 의미한다. 이는 '나중에 쓰는 글'인 사도행전이 누가복음과 한 쌍을 이루는 작품으로 읽혀야 함을 암시한다. 누가는 누가복음에 예수님이 행하시고 가르치시기 시작한 일부터 사도들에게 성령으로 명하시고 승천하신 날까지의 일을 기록했다고 한다. '행하고 가르치는 것'은 예수님의 사역을 요약하는 누가복음의 주요 테마다. 누가복음에서 시작된 예수님의 이 사역은 사도행전에서도 계속되고 있다.

예수님은 자신이 택한 사도들에게 성령으로 명하셨다. 당시 사람들은 스승으로 삼고자 하는 사람을 찾아가 제자가 되었다. 이와는 대조적으로 복음서는 스승이신 예수님이 사람들을 찾아가 제자로 세우셨다고 한다. 예수님이 제자로 삼으신 사람 중 12명은 사도로 불렸다. '사도'는 '보냄을 받은 자'라는 뜻이다. 사도는 그를 보낸 사람의 법적인 권한을 대신하며, 어떤 일을 결정할 때는 보낸 사람의 입장만을 고려했다. 사도행전에서 '사도'는 14:4, 14에서는 바울과 바나바를 묘사하지만, 그 외에는 예수님과 3년간 동고동락했던 12명(혹은 가룟 유다를 제외한 11명)을 가리킨다.

2 부활하신 예수님은 이 땅에 며칠간 머무셨으며, 사도들에게 무엇을 분부하셨는가?(1:3-4)

a) 머무신 기간(3절): 사십 일

b) 분부하신 명령(4절): "예루살렘을 떠나지 말고…아버지께서 약속하신 것을
   기다리라"

부활하신 예수님은 40일 동안 이 땅에 머무시며 제자들에게 그분의 살아
계심을 나타내시고, 제자들로 하여금 선교와 전도 사역을 준비하게 하셨
다. 예수님은 사도들에게 선교와 전도에 관해 (1)증인이 되는 일, (2)승천
하신 예수님이 지휘하시는 일, (3)사도들이 중심 역할을 할 것, (4)성령이
주시는 능력으로 할 것 등에 관해 말씀하신다. 예수님이 누가복음에서
시작하신 일을 사도행전에서는 성령으로 세례받은 제자들이 이어 가야
하는 것이다. 부활하신 예수님은 제자들에게 하나님 나라의 일을 말씀하
셨는데, '하나님 나라'는 예수님의 사역을 통해 실현되기 시작한 하나님
의 약속과 통치를 의미한다.

제자들은 예루살렘에서 '아버지가 약속하신 것'을 기다리라는 예수님의
명령을 받았다. 이후 사도들이 하나님 나라의 메시지, 곧 회개와 용서를
선포하며 '세상 끝'을 향해 가는 것은 하나님의 프로그램에 따라 행동하
는 일이다. 그러나 아직은 그때가 이르지 않았으므로 기도하며 기다려야
한다. 사도들은 언제까지 예루살렘에 머물며 기다려야 하는가? '아버지
가 약속하신 것', 곧 성령이 임하실 때까지 기도하며 예루살렘에 머물러
야 한다. 성령과 하나님의 약속은 신약에서 종종 함께 등장하는 주제다.
또한 성령은 복음과 함께 오는 하나님의 선물이다(롬 5:5; 8:2-17).

3 예수님이 승천하시기 전에 사도들에게 주신 사명과 복음 전파의 경
   로는 무엇이며, 이 사명을 감당하기 위해 받아야 할 권능은 무엇인
   가?(1:8)
   a) 사도들의 사명: 예수님의 증인이 되는 것
   b) 복음 전파 경로: 예루살렘-온 유대-사마리아-땅끝
   c) 받아야 할 권능: 성령의 권능

이 섹션은 교회의 사명이 무엇인지 명확히 알려 준다. 교회는 주님이 다
시 오실 때까지 하늘만 바라보고 있으면 안 되며, 땅끝까지 복음을 전파

해야 한다. 사도들의 관심은 종말이 언제 올 것인지가 아니라, 어떻게 전도하고 선교할 것인지에 집중되어야 한다. 예수님은 승천하시기 전 사도들에게 예루살렘과 온 유대와 사마리아와 땅끝까지 이르러 예수님의 증인이 되라고 사명을 주셨다. '예루살렘–온 유대–사마리아–땅끝'은 사도들이 선교하기 위해 복음을 들고 가야 할 경로라 할 수 있다.

성령이 임하시면 사도들은 전도하는 권능을 받을 것이다. '권능'은 기적을 행하거나 말과 행동을 하게 하는 능력이다. 그러므로 사도들이 예수님의 증인이 되려면 반드시 권능을 받아야 한다. '증인'은 법적인 용어로, 누구나 확인할 수 있는 증거를 통해 어떤 사실을 증명하는 사람이다. 자신이 느낀 대로 말하는 주관적인 사람이 아니라, 부활하신 예수님을 직접 경험한 사람이다. '증인과 증언'은 사도행전에서 가장 중요한 용어이며, 사도들과 교회가 하는 모든 일이 '증인과 증언'으로 설명된다. 복음이 땅끝까지 전파되는 일은 증인들이 복음을 들고 예루살렘을 떠나 땅끝으로 갈 때 가능하다. '땅끝'을 특정한 지역(나라)으로 제한해 읽을 필요는 없다. '땅끝'은 세상 모든 민족과 그들이 사는 땅을 의미한다.

4 제자들은 예수님이 승천하시는 그때가 무슨 때라고 생각했는가? 예수님은 때와 시기는 누구의 권한이라고 하셨으며, 예수님의 승천 후 천사들은 무엇을 예언했는가?(1:6-7, 11)

a) 제자들이 생각한 때(6절): 주께서 이스라엘 나라를 회복하시는 때

b) 때와 시기를 정하는 권한(7절): 하나님 아버지

c) 천사들의 예언(11절): "이 예수는 하늘로 가심을 본 그대로 오시리라"

예수님의 승천을 지켜보기 위해 감람산에 모인 제자들은 하나님이 이스라엘 나라를 회복하시는 때가 이때인지 물었다. 이스라엘 나라가 회복되어 하나님의 복을 받는 종말이 임박했다고 생각해 이렇게 질문한 것이다. 당시 유대인들이 처했던 정치적 상황과 종말이 되면 유대인을 로마의 억압에서 해방시킬 메시아가 오실 것이라고 기대했던 정황을 고려하면, 제자들은 예수님이 이스라엘을 회복하시고 시온을 수도로 삼아 온 세상을 다스리실 것으로 생각했음을 알 수 있다.

예수님은 이스라엘이 회복할 때와 시기는 아버지께서 그분의 권한에 두셨으므로 사도들이 알 바가 아니라고 하신다. '때와 시기'는 구체적인 시간과 날짜를 의미하는 것이 아니라, 이스라엘의 회복이 있기 전에 세상이 겪게 될 상황을 뜻한다. 성령이 오셔서 예수님을 믿는 유대인들의 공동체를 형성하면 그것이 회복된 이스라엘이 될 것이다. 그러므로 성령의 오심은 이스라엘의 회복이 시작되는 징조다. 하나님이 종말이 임할 때를 정하셨으므로 하나님 외에는 그때가 언제인지 아무도 모른다. 따라서 종말에 대해 지나치게 관심을 보이는 사람들이 있다면 경종을 울려야 한다. 예수님이 들려 올라가시는 하늘을 뚫어지게 쳐다보던 제자들 옆에 흰옷 입은 두 사람이 서 있었다. 갑자기 나타난(눈에 보이기 시작한) 천사들이다. 천사들은 사도들을 '갈릴리 사람들'이라고 부르며 왜 가만히 서서 하늘을 쳐다보느냐고 묻는다. 더는 하늘만 쳐다보지 말고 현실(예수님의 증인으로 사는 삶)로 돌아가라는 부드러운 책망이다. 천사들은 예수님이 올라가신 대로 다시 하늘에서 내려오실 것이라 한다. 스가랴 선지자는 메시아가 세상을 심판하시는 날에 그가 감람산에 임할 것이라고 하는데(슥 14:3-4), 예수님의 재림이 이 예언을 성취할 것이다. 예수님이 올라가신 대로 다시 오시는 것은 인간이 예견할 수 있는 미래에 대한 좋은 사례다. 구름을 타고 하늘로 올라가신 예수님은 세상이 끝나는 날 심판하기 위해 구름을 타고 오실 것이다.

5 예수님이 승천하신 후 다락방에 모인 열한 제자와 그 외 사람들은 누구인가? 그들은 무엇에 힘썼는가?(1:13-14)

a) 열한 제자(13절): 베드로, 요한, 야고보, 안드레, 빌립, 도마, 바돌로매, 마태, 알패오의 아들 야고보, 셀롯인 시몬, 야고보의 아들 유다

b) 그 외 사람들(14절): 여자들, 예수의 어머니 마리아, 예수의 아우들

c) 힘쓴 것(14절): 기도

예수님이 승천하신 후 제자들이 다락방에 모였다. 이 다락방에 정관사가 붙은 것으로 보아 초대교회 성도들이 잘 아는 공간이며, 한 번에 120명을 수용할 정도로 매우 큰 공간이었다. 아마도 이곳에 모인 120명은 숙

박은 각자 알아서 해결하고 모임만 이곳에서 가졌을 것이다. 예수님과 3년간 함께 지낸 열두 제자 중 배신한 가룟 유다를 제외한 11명(베드로, 요한, 야고보, 안드레, 빌립, 도마, 바돌로매, 마태, 알패오의 아들 야고보, 셀롯인 시몬, 야고보의 아들 유다)이 이곳에 모였다. 앞으로 사도행전은 이 열한 제자 중 베드로와 야고보와 요한에 관한 일만 언급할 것이다. 이 세 사도의 행보가 가장 중요하며, 그들이 초대교회의 중심이 되기 때문이다. 다락방에 모인 제자들은 경건과 통일(같은 마음)을 겸비한 그룹이었다.

이 다락방에는 열한 제자 외에도 여자들, 예수님의 어머니 마리아, 예수님의 아우들도 있었다. '여자들'은 예수님의 사역이 시작될 때부터 신실하게 주님을 따르던 이들이며, 예수님이 십자가에서 죽으신 일과 부활을 제일 먼저 목격한 사람들이다. 여자를 등한시하던 당시 문화를 고려할 때, 이 여인들이 사도들과 함께 모여 기도하는 것은 참으로 괄목할 만한 일이다. 앞으로 여인들도 성령으로 충만할 것이며, 예언도 할 것이다. 예수님의 어머니 마리아는 성육신하신 메시아의 탄생에 일조했으며, 이제는 교회가 태어나는 일에 일조하고 있다. '예수님의 아우들'은 야고보와 요셉과 유다와 시몬이다(막 6:3). 한때 이들은 예수님의 사역을 상당히 좋지 않게 여겼지만, 이제는 예수님을 하나님의 아들로 믿게 되었다. 훗날 예수님의 동생 야고보는 예루살렘 교회의 지도자가 된다.

다락방에 모인 사람들은 마음을 같이하여 오로지 '기도'에 힘썼다. '오로지…힘쓰더라'는 '꾸준히 지속하는 행동'을 뜻하며, 기독교 공동체(교회)가 가장 기본적으로 지녀야 할 통일성이 바로 기도임을 강조한다.

V. 적용과 나눔

 삶의 내비게이션(적용)

1 부활하신 주님은 사도들에게 전도와 선교의 사명을 주시고, 성령 강림을 기다리라고 하신다. 당신이 하나님의 명령을 받고 기도하며 하

나님의 때를 기다렸던 경험은 무엇인가?

관찰문제 2번 참고. 사도행전에 나타난 확실하고 많은 증거가 예수님의 부활을 증명한다. 그중 가장 확실한 증거는 겟세마네 동산에서 예수님을 버리고 도망했던 사도들이 부활하신 주님을 만난 뒤 모두 순교를 각오하고 그리스도의 복음을 선포하며 땅끝까지 갔다는 사실이다.

사도들이 담대히 복음을 선포하는 일에 평생을 바칠 수 있었던 것은 그들이 성령으로 세례를 받았기 때문이다. 하나님이 그들에게 사명을 주시고, 또한 그 사명을 감당할 능력과 용기를 성령을 통해 주신 것이다. 우리도 하나님이 주시는 성령의 능력으로 사역해야 한다.

모든 일에는 때가 있다. 사도들은 복음을 선포하라는 사명을 받았다. 그러나 그 전에 기도하며 성령 강림을 기다려야 했다. 성령으로 충만한 다음에 하는 것이 사역이다. 우리는 모든 일에서 하나님의 때와 방법을 앞서지 않도록 인도하심을 기다려야 한다. 예를 들면, 선교를 위해 언어와 문화를 배우고 재정을 준비하며 몇 년간 기도한 후 현지로 파송된 이야기, 교회 개척의 비전을 품고서 기다렸던 목회자의 이야기, 직장에서 복음을 전하기 위해 성급히 나서지 않고 기도하며 관계를 쌓고 자연스럽게 복음의 문이 열리길 기다린 이야기, 자녀가 교회를 떠났을 때 조급해하지 않고 매일 기도하며 사랑으로 기다린 이야기 등이 있다. 이처럼 하나님의 명령에는 '즉시 순종'도 있지만, '기다림 속의 순종'도 있다. 중요한 것은 성령 안에서 인내하며 하나님의 때를 신뢰하는 것이다. 각자 하나님의 명령을 받고 기도하며 하나님의 때를 기다렸던 경험은 무엇인지 이야기해 본다.

2 천사들은 제자들에게 예수님이 올라가신 대로 다시 하늘에서 내려오실 것이라고 예언하며 현재를 성실하게 살라고 한다. 당신이 그리스도의 재림에 대한 소망을 품고 주어진 삶의 자리에서 열심을 낼 일(사명)은 무엇인가?

관찰문제 4번 참고. 예수님은 하나님이 시작하신 일, 곧 구원하시는 일을 우리가 이어 나가길 원하신다. 예수님은 우리에게 이 일을 맡기셨으며, 성령의 권능으로 우리와 함께하며 도우실 것이다. 우리 안에 선한 일을 시작하신 이가 그 일을 온전히 이루실 것이기 때문이다. 그러나 복음을 들고 땅끝까지 가는 것은 우리가 할 일이다. 선교와 전도는 교회가 존재하는 이유다.

어떤 사람들은 지나치다 싶을 정도로 종말에 관심을 둔다. 그러나 예수님이 언제 오실지 추측하고 논하는 것을 자제해야 한다. 성경은 주님이 언제 오실지에 대해서는 말을 아끼고, 꼭 오신다는 사실은 반복적으로 강조하기 때문이다. 그렇다면 어떻게 살아야 하는가? 천사들의 권면을 받아들여 주님이 오실 것을 바라며 하늘만 쳐다볼 것이 아니라 현재를 성실하게 살아야 한다. 주어진 삶에 성실하게 임하는 것이 하나님이 우리에게 기대하시는 바다. 예를 들면, 가정에서 믿음의 부모가 자녀들에게 성경을 읽어 주고 기도하는 모습을 보이며 다음 세대 세우기, 직장에서 정직과 성실로 일하고 동료에게 격려와 위로의 말을 전하며 하나님 나라의 가치 드러내기, 교회에서 교사와 봉사자(찬양대원, 안내위원, 주방 봉사 등)로 섬기며 기쁨으로 충성하기, 주변의 노인이나 병든 자 혹은 소외된 이웃을 찾아가 돌보며 하나님 마음을 실천하기, 연로한 성도들은 교회와 나라를 위해 기도하며 하나님 나라 준비하기, 청년이나 청소년들은 학교나 캠퍼스에서 정직하게 공부하고 친구 배려하기 등이 있다. 예수님의 재림은 분명한 약속이다! 그날이 이를 때까지 우리 삶의 모든 자리가 선교적 사명의 자리임을 기억하자. 각자 주어진 삶의 자리에서 열심을 내야 하는 일 또는 사명은 무엇인지 이야기해 본다.

3 다락방에 모인 제자들과 사람들은 오로지 성령 강림을 기다리며 기도하기에 힘썼다. 당신은 기도의 동역자들과 어떤 제목으로 함께 기도하고 있는가?

관찰문제 5번 참고. 교회는 여러 사람이 모여 한마음으로 기도하며 하나님의 뜻을 구하는 '기도의 공동체'다. 신앙생활은 혼자서 하는 것이 아니다. 하나님이 공동체로 엮어 주신 지체들과 함께 기도하며 받은 소명을 함께 이루어 나가는 것이 우리의 신앙생활이 되어야 한다.

예수님이 시작하신 공동체는 옛것과 비교할 수 없는 완전히 새로운 공동체다. 이 새로운 공동체가 모여서 오로지 기도에 힘쓰는 일로 시작된다는 점이 매우 인상적이다. 생각해 보면 당연한 일이라 할 수 있다. 기도는 공동체의 구성원을 하나 되게 하는 힘을 지녔기 때문이다.

우리는 공동체 지체들과 함께 공동체의 하나 됨을 위한 기도, 어떤 모임과 결정

속에서 하나님의 뜻을 분별하는 지혜를 구하는 기도, 부르심과 사명을 향한 순종과 헌신을 위한 기도, 기도하는 자리마다 성령으로 충만하게 채워 주시길 구하는 기도, 자녀와 청년들이 예수님을 인격적으로 만나고 삶 속에서 믿음을 지키기를 간구하는 기도, 지역 사회와 열방 가운데 주님의 복음이 전파되도록 전도와 선교를 위한 기도, 그리고 갑자기 찾아온 삶의 어려운 문제나 육체적·심리적인 아픔을 위한 기도 등을 할 수 있다. 각자 교회나 가정 공동체 안에서 기도의 동역자들과 함께 기도하고 있는 제목은 무엇인지 이야기해 본다.

Ⅵ. 마무리

기도로 마무리한다.
제2주 관찰문제를 예습해 오게 한다.
실천과제를 제시한다.

 생활의 아로마(실천)

예 1) 삶의 자리에서 마음을 조급하게 만드는 일은 무엇인지 점검하고, 하나님이 일하실 때를 기도하며 기다린다.
　　2) 교회와 가정을 위해 간구할 내용을 구체적으로 적고 기도를 실천한다.

엑스포지멘터리 성경공부 시리즈 · 사도행전 I 인도자용

제2주 성령 강림 그리고 충만

학습목표

오순절에 성령이 오신 것은 예수님을 영접하는 자들을 하나님의 자녀로 삼기 위해서라는 것을 알고, 복음에 긍정적으로 반응하며 하나님의 자녀답게 살아간다.

KEYWORD **성령 강림, 충만, 은사**

I. 찬양과 기도

II. 지난주 실천과제 나눔

III. 복습문제 풀이

✏️ 복습

1 예수님이 승천하시기 전에 사도들에게 주신 사명과 복음 전파의 경로는 무엇이며, 이 사명을 감당하기 위해 받아야 할 권능은 무엇인가?(1:8)

    a) 사도들의 사명: 예수님의 증인이 되는 것

    b) 복음 전파 경로: 예루살렘–온 유대–사마리아–땅끝

    c) 받아야 할 권능: 성령의 권능

2:1 오순절 날이 이미 이르매 그들이 다같이 한 곳에 모였더니 2 홀연히 하늘로부터 급하고 강한 바람 같은 소리가 있어 그들이 앉은 온 집에 가득하며 3 마치 불의 혀처럼 갈라지는 것들이 그들에게 보여 각 사람 위에 하나씩 임하여 있더니 4 그들이 다 성령의 충만함을 받고 성령이 말하게 하심을 따라 다른 언어들로 말하기를 시작하니라 5 그 때에 경건한 유대인들이 천하 각국으로부터 와서 예루살렘에 머물러 있더니 6 이 소리가 나매 큰 무리가 모여 각각 자기의 방언으로 제자들이 말하는 것을 듣고 소동하여 7 다 놀라 신기하게 여겨 이르되 보라 이 말하는 사람들이 다 갈릴리 사람이 아니냐 8 우리가 우리 각 사람이 난 곳 방언으로 듣게 되는 것이 어찌 됨이냐 9 우리는 바대인과 메대인과 엘람인과 또 메소보다미아, 유대와 갑바도기아, 본도와 아시아, 10 브루기아와 밤빌리아, 애굽과 및 구레네에 가까운 리비야 여러 지방에 사는 사람들과 로마로부터 온 나그네 곧 유대인과 유대교에 들어온 사람들과 11 그레데인과 아라비아인들이라 우리가 다 우리의 각 언어로 하나님의 큰 일을 말함을 듣는도다 하고 12 다 놀라며 당황하여 서로 이르되 이 어찌 된 일이냐 하며 13 또 어떤 이들은 조롱하여 이르되 그들이 새 술에 취하였다 하더라 14 베드로가 열한 사도와 함께 서서 소리를 높여 이르되 유대인들과 예루살렘에 사는 모든 사람들아 이 일을 너희로 알게 할 것이니 내 말에 귀를 기울이라 15 때가 제 삼 시니 너희 생각과 같이 이 사람들이 취한 것이 아니라 16 이는 곧 선지자 요엘을 통하여 말씀하신 것이니 일렀으되

17 하나님이 말씀하시기를

말세에 내가 내 영을 모든 육체에 부어 주리니

너희의 자녀들은 예언할 것이요

너희의 젊은이들은 환상을 보고

너희의 늙은이들은 꿈을 꾸리라

18 그 때에 내가 내 영을 내 남종과 여종들에게 부어 주리니

그들이 예언할 것이요

19 또 내가 위로 하늘에서는 기사를

아래로 땅에서는 징조를 베풀리니

곧 피와 불과 연기로다

20 주의 크고 영화로운 날이 이르기 전에

해가 변하여 어두워지고

달이 변하여 피가 되리라

[21] 누구든지 주의 이름을 부르는 자는 구원을 받으리라

하였느니라

 **말씀 돋보기**(관찰)

1 오순절에 일어난 사건은 무엇이며, 이때 어떤 현상이 동반되었는가?(2:2-3, Tip)

a) 일어난 사건(Tip): 성령 강림

b) 청각적 현상(2절): 하늘로부터 급하고 강한 바람 소리가 남

시각적 현상(3절): 불의 혀처럼 갈라지는 것들이 각 사람 위에 임함

Tip 오순절 성령 강림은 누가복음-사도행전에서 가장 중요한 사건이다. 이 일로 공식적인 '성령의 시대'가 열린다. 성령이 오신 목적은 예수님이 바로 구속하시는 메시아임을 선포함으로써 그분을 영접하는 자들을 하나님의 자녀로 삼기 위해서다.

'오순절'은 유월절 바로 다음 안식일로부터 일곱 번째 안식일, 곧 유월절로부터 50일(=오순절)이 되는 때다. 또한 예수님이 부활하신 날로부터 49일째 되는 날이다. 구약은 이날을 '칠칠절' 혹은 '초실절'로도 부르며, 봄철 곡물 추수를 마무리하며 하나님께 감사하는 절기다. 율법은 성인 남자들이 매년 성전을 순례하는 3대 절기로 유월절(무교절), 오순절(초실절), 수장절(초막절)로 규정했다.

성령이 강림하실 때, 그 자리에 있던 모든 사람이 듣고 볼 수 있는 현상이 동반되었다. 먼저 사람들이 들을 수 있는 청각적인 현상으로, 하늘로부터 급하고 강한 바람 소리가 있었다. 구약에서 바람은 하나님의 생각을 뜻하거나, 하나님의 현현(드러내심) 또는 현현 중에 하시는 일을 상징

한다. 또한 하나님의 심판을 의미하기도 한다. 이 사건에서 바람은 성령 강림을 통한 하나님의 현현을 의미한다. 다음으로 성령 강림이 동반한 현상은 시각적인 것으로, 사람들은 마치 불의 혀처럼 갈라지는 것들을 보았다. 이 불의 혀 갈래는 각 사람 위에 하나씩 임했다. 구약에서 불은 하나님의 임재와 심판을 상징한다. 성령이 잠시 후 아나니아와 삽비라를 '태우는 것'(5:3, 9)을 보면 심판하시는 불로도 오셨다.

2 성령의 충만함을 받은 사람들에게 나타난 은사는 무엇이며, 그 은사를 주신 분은 누구인가?(2:4)
a) 나타난 은사: 성령이 말하게 하심을 따라 다른 언어(방언)들로 말함
b) 은사를 주신 분: 성령

다락방에 모인 제자들은 성령 강림이 동반한 바람과 불을 통해 성령의 충만함을 받았다. 그들은 성령이 말하게 하심을 따라 다른 언어들로 말하기 시작했다. 여기서 '말하게 하시다'로 번역한 헬라어 단어에는 '주다'라는 뜻이 있다. 사람들이 성령이 각자에게 주신 다른 언어로 말하기 시작한 것이다.

일부 교단에서는 성령의 충만함을 받으면 방언이 첫 징조로 나타난다고 하는데, 별 설득력 없는 논리다. 본문은 성령의 충만함을 입은 사람들이 성령이 주신 언어를 말했다고 한다. 누가는 성령이 성도의 삶을 이끌고 지배하는 것을 충만함이라고 하지, 방언으로 말하는 것을 충만함이라고 하지 않는다. 방언은 충만함을 입은 사람이 성령이 '말하게 하심'을 따른 결과일 뿐이다. 성령은 오순절 절기를 지키기 위해 세상 곳곳에서 모여든 디아스포라 유대인들을 전도하고자 다락방에 모인 제자들에게 다른 언어들을 말하게 하셨다. 만일 전도와 선교를 위해 그들에게 다른 은사가 필요했다면 방언 대신 다른 은사를 주셨을 것이다. 그러므로 사람이 성령의 충만함을 받으면 제일 먼저 방언을 한다는 것은 잘못된 주장이다. 방언을 포함한 모든 은사는 공동체를 세우고 격려하는 일에 사용하라고 하나님이 주시는 선물이다.

3 제자들이 여러 나라의 방언으로 선포한 것은 무엇이며, 이를 들은 사람들은 어떻게 반응했는가?(2:11-13)

a) 제자들의 선포(11절): 하나님의 큰일

b) 사람들의 반응(12-13절): 다 놀라고 당황했으나 어떤 이들은 제자들을 조롱함

성령 충만을 입은 제자들은 여러 나라의 방언으로 하나님의 큰일을 말했다. '큰'은 신약에서 단 한 차례 이곳에서 사용되며, 위대함을 의미한다. 우리는 성령으로 충만한 제자들이 방언으로 무엇을 하고 있는지 본다. 그들은 하나님의 위대하심을 선포(증언)하고 있다. 교회의 전도와 선교가 시작되는 순간이다.

갈릴리 사람들이 여러 방언으로 하나님의 위대하심을 선포하는 것을 들은 사람들은 두 가지 반응을 보였다. 대부분은 놀라고 당황하며 "어찌 된 일이냐?"라는 질문으로 그들의 마음을 표현한다. 이는 무슨 영문인지 모르겠다는 뜻으로, 그들은 더 알고 싶어 한다. 나머지 사람들은 배우지 않은 방언으로 말하는 제자들이 새 술에 취했다며 조롱한다. 이들은 자신의 영적인 어두움은 전혀 생각하지 않고 억지 논리로 제자들을 비방한다. 성령의 사역이 제자들에게는 배우지 않은 말을 할 수 있는 은사로 임했지만, 믿지 않는 사람들에게는 다른 사람을 조롱하는 것으로 나타났다.

4 말세에 하나님은 모든 육체에 무엇을 부어 주시는가? 그 결과 어떤 장벽들이 무너지는가?(2:17-18, Tip)

a) 모든 육체에 부어 주시는 것(17절): 내(하나님) 영

b) 무너지는 장벽들(17-18절, Tip): 성차별의 장벽, 나이 차별의 장벽, 신분 차별의 장벽

베드로는 사도행전에 기록된 첫 설교를 한다. 그는 구약의 요엘서(2:28-32)를 인용해 예수님의 삶과 죽음과 부활과 승천을 구속사적 흐름에서 이해해야 한다고 말한다. 요엘에 따르면 말세는 하나님이 자기 영을 모든 육체에 부어 주심으로 시작된다. 하나님의 영이 백성에게 임하는 일은 "여호와께서 그의 영을 그의 모든 백성에게 주사 다 선지자가 되게

하시기를 원하노라"(민 11:29)라는 모세의 오랜 염원이 드디어 실현되고 있음을 암시한다. 유대인들은 이날을 손꼽아 기다리고 있었다. 그러므로 오순절 성령 강림은 이스라엘 회복에서 가장 중요한 일이다. 메시아 시대에 대한 구약의 예언이 예수님을 통해 성취되었다는 것은 초대교회가 선포한 메시지의 핵심이다.

성령이 모든 사람에게 임하면서 갖가지 장벽이 무너진다. 첫째, 성차별의 장벽이 무너진다. '아들들'뿐 아니라 '딸들'도 예언하고, '남종들'뿐 아니라 '여종들'도 예언한다. '예언'은 (1)영감을 받아 계시를 선포하는 것, (2)숨겨진 것을 말하는 것, (3)미래에 있을 일을 알리는 것 등으로 설명된다. 둘째, 나이 차별의 장벽이 무너진다. 성령으로 충만한 젊은이들은 환상을 보고, 늙은이들은 꿈을 꾼다. '환상'은 하나님의 감동을 받은 상황에서 초자연적인 계시와 연관된 일을 보는 것을 의미한다. 셋째, 신분 차별의 장벽이 무너진다. 성령은 남자들과 여자들, 젊은이들과 늙은이들뿐 아니라, 남종들과 여종들에게도 임한다. 당시 대부분 종은 경제적인 이유(채무 등) 때문에 노예로 팔렸으며, 주인의 재산으로 취급되었다. 그러므로 그들에게 성령이 임한다는 것은 하나님이 사회적 계층의 장벽을 허무시는 것을 암시한다. 요엘이 예언을 통해 꿈꾼 세상이 도래한 것이다.

5 세상이 끝나는 날 하늘과 땅에 나타나는 현상은 무엇이며, 그날에 구원을 받는 자는 누구인가?(2:19-21)
a) 말세의 현상(19절): 하늘에는 기사, 땅에는 징조(피, 불, 연기)
b) 말세에 구원받는 자(21절): 주의 이름을 부르는 자

세상이 끝나는 날 하늘에 온갖 기사가 일어나고, 세상에도 온갖 징조가 있어 하늘과 땅이 피와 불과 연기로 가득할 것이다. 성경에서 불과 연기는 심판의 징조다. 하나님이 심판하시는 날 해가 변해 어두워지고, 달이 변해 피가 될 것이다. 해가 빛을 잃을 것이며, 달도 밝음을 잃고 붉어질 것이라는 뜻이다. 그런 다음 주님의 크고 영화로운 날이 임한다. 해가 변해 어두워지고 달이 변해 피가 되는 등의 온갖 천재지변은 심판하시는 하나님이 오시는 날이 이르기 전에 있을 전조라는 뜻이다.

베드로는 오순절 성령 강림을 통해 요엘이 예언한 종말이 시작되었다며, 모든 사람이 하나님의 심판을 대비해야 한다고 한다. 요엘이 예언한 '말세'는 두 가지 핵심, 곧 예수님의 초림과 재림으로 구성된다. 오순절은 재림이 임할 때까지의 시간을 시작한다. 그러므로 초림은 말세의 시작을 알리는 역할을 한다. 종말에 있을 심판은 범우주적이며 매우 포괄적인 심판이 될 것이다.

다행히 하나님의 백성은 종말에 있을 심판을 두려워할 필요가 없다. 누구든지 주의 이름을 부르는 자는 구원을 받을 것이기 때문이다. 어떤 이들은 요엘이 이 예언을 선언할 때 사용한 '주'가 여호와 하나님을 뜻한다며, 말세에 구원받을 사람들은 여호와의 이름을 부르는 이들이라고 한다. 그러나 베드로가 다음 섹션인 2:22–36에서 확실하게 보여 주는 것처럼 여호와 하나님이 예수님을 통해 오셨으므로, 예수님이 선포하신 복음에 긍정적으로 반응해 예수님을 구주로 영접하는 이들을 뜻한다. 또한 하나님과 예수님과 성령은 한 분이시므로 굳이 '주'가 삼위일체 중 구체적으로 누구를 의미하는지는 그다지 중요한 이슈가 아니다.

VI. 적용과 나눔

 삶의 내비게이션(적용)

1 오순절 성령의 오심을 통해 모든 차별이 없어졌다. 지금까지 살면서 경험한 가장 큰 차별은 무엇인가?

관찰문제 4번 참고. 성령의 오심을 통해 모든 차별이 없어졌다. 성령은 남녀노소, 신분의 귀천에 상관없이 모든 사람에게 임하셨다. 그러므로 하나님 나라에서는 어떠한 차별도 용납되지 않는다. 우리가 예수님 안에서 서로를 형제자매로 여기는 것도 이러한 이유에서 비롯되었다.

오순절 성령 강림은 종말이 시작되었음을 알리는 일이다. 예수님이 재림하시는 날에 세상은 끝나고, 모든 사람은 하나님 앞에 설 것이다. 우리는 그날을 준비하는 자세로 오늘을 살아야 한다. 종말을 염두에 두고 사는 사람은 죄를 멀리하고 경건과 거룩을 가까이하는 삶을 산다.

우리도 살면서 차별을 경험할 때가 종종 있다. 지방 출신이라는 이유로 무시당하거나 사투리와 특정 억양으로 인해 놀림받는 등의 지역적 차별, 특정 대학 출신이 인정받고 기회를 얻는 학벌(학교) 차별, 여성이기 때문에 인정받지 못하거나 "남(여)자가 왜 그래?"라는 식의 고정관념으로 대하는 성별 차별, 사는 동네나 옷차림 혹은 차종 등으로 사람을 판단하고 대하는 경제적 차별, 젊다고 무시하거나 반대로 나이가 많다는 이유로 기회가 제한되는 나이 차별, 몸이 불편하거나 외모 또는 체형 등으로 놀림받거나 소외되는 신체적 조건이나 장애에 대한 차별, 특정 직업을 선호하는 직업 차별, 신앙을 가졌다는 이유로 따돌림당하거나 소외되는 신앙(종교나 신념)적 차별 등이 있을 수 있다. 성령 안에서는 나이, 성별, 출신, 사회적 지위가 더는 차별의 기준이 될 수 없다! 각자의 삶에서 누군가를 차별하거나 차별당했던 경험을 이야기해 본다.

2 성령 충만을 입은 제자들이 여러 나라의 방언으로 하나님의 큰일을 선포했을 때, 대부분 사람은 놀라고 당황하며 더 알고자 했으나 어떤 사람들은 제자들을 조롱했다. 당신이 복음을 전했을 때 사람들이 보여 주었던 긍정적 또는 부정적인 반응에는 어떤 것이 있는가?

관찰문제 3번 참고. 같은 일을 목격하고 경험한 사람들이라 해서 반드시 동일하게 반응하는 것은 아니다. 제자들이 배우지 않은 언어로 하나님의 큰일을 말하는 것을 목격한 사람들은 대부분 긍정적으로 반응하며 어찌 된 일인지 더 알고자 했다. 반면에 제자들이 술에 취한 것이라며 조롱과 빈정댐으로 반응하는 자들도 있었다. 이런 사람들은 상식적으로 생각하지 않으며, 진실을 아는 것이 중요하지 않다.

인간은 자신이 듣고자 하는 것만 듣고, 보고자 하는 것만 보고, 마음대로 생각하는 존재다. 사람들은 복음에 대해서도 다양하게 반응한다. 그러니 예수님을 영접하지 않는다고 낙심할 필요는 없다.

교회 안에도 다양한 사람이 존재한다. 어떤 사람들은 우리의 사역과 섬김에 매우 감사하며 긍정적으로 반응하지만, 어떤 자들은 항상 불신과 불만만 내뱉는다. 어떤 성도들은 영적인 일에 마음에 활짝 열려 있지만, 어떤 자들은 아예 마음 문을 닫고 산다. 그러므로 전도에 힘쓰되 결과에 지나치게 집착하지 않는 것이 좋다.

우리가 복음을 전했을 때 진지하게 듣고 질문하며 배우고자 하거나, 상처나 절망 중에 복음을 듣고 위로받아 삶의 방향을 바꾸거나, "내게 꼭 필요한 말씀이었다"라며 감사를 표현하는 등 긍정적으로 반응하는 사람들이 있다. 반면, "예수 믿으면 다 잘되나요?"라며 냉소적으로 반응하거나, 무관심하게 자리를 피하거나, 과거에 안 좋은 경험 때문에 반감을 갖고 거부하며 부정적으로 반응하는 사람들도 있다. 교회 안에서도 말씀을 듣고 기쁨으로 반응하거나 영적으로 민감하게 반응해 기도와 순종으로 나아가는 사람도 있지만, 아예 마음을 닫고 교회만 오가며 변화를 거부하는 사람들도 있다. 복음에 대한 사람들의 반응은 우리의 책임이 아니다. 우리는 충성되게 전할 뿐이고 결과는 하나님께 맡겨야 한다. 각자 복음 전도 현장에서 경험했던 다양한 반응에 관해 이야기해 본다.

3 성령은 오순절에 모여든 디아스포라 유대인들을 전도하고자 제자들에게 다른 언어(방언 은사)들을 말하게 하셨다. 당신이 받은 성령의 은사는 무엇이며, 이를 어떻게 사용하고 있는가?

관찰문제 2번 참고. 우리의 신앙과 삶에 가장 필요한 것은 성령의 충만함이다. 성령 충만함은 성령의 인도하심과 지시에 따르는 것, 곧 삶의 모든 영역에서 성령의 지배를 받는 것이다. 그러므로 예수님을 영접했을 때 받은 성령 충만을 지속하려면 삶에서 의도적이고 지속적으로 성령과 교통하며 인도하심을 받아야 한다. 이런 일은 기도를 통해서만 가능하다.

성령의 충만함을 입은 제자들은 성령이 주신 언어 곧 방언으로 말했다. 방언은 하나님을 찬양하고 전도하는 일에 쓰도록 하나님이 주신 은사다. 이처럼 은사는 하나님이 값없이 주시는 선물이다. 은사에는 각종 방언과 방언 통역 외에도 예언과 섬기는 일과 가르치는 일, 권위와 구제와 다스리는 일, 긍휼, 지혜와 지식의 말씀, 믿음과 병 고침, 능력 행하는 일과 영의 분별, 전도, 연보, 거룩한 직분, 사랑 등 다양하다. 이 은사를 주신 목적은 믿음을 굳게 하고, 안위를 얻게 하며, 그리스도를 전하고, 공동체를 온전히 섬기게 하려는 데 있다. 만일 사람이 받은 은사를 제대로 사용하지 않거나, 그 은사가 공동체에 필요 없게 되면 언제든 가져가실 수 있다. 성경이 말하는 다양한 은사 중에서 각자가 하나님께 받은 은사는 무엇이고, 그 은사를 어떻게 사용하고 있는지 이야기해 본다.

기도로 마무리한다.
제3주 관찰문제를 예습해 오게 한다.
실천과제를 제시한다.

 **생활의 아로마(실천)**

예 1) 지금 나의 은사를 활용할 수 있는 곳은 어디인지 살펴보고, 한 주 동안 적
절한 곳에 은사를 사용하도록 힘쓴다.

2) 하나님의 말씀을 듣지만 마음을 닫고 변화를 거부하는 가치관이나 신념,
태도 등을 새롭게 한다.

제3주 명사가 동사로 변하는 기적

예수님이 어떤 분인지를 알고, 날마다 회개하며 주님께로 돌이키는 삶을 살아간다.

KEYWORD **회개, 믿음, 기적**

I. 찬양과 기도

II. 지난주 실천과제 나눔

III. 복습문제 풀이

 **복습**

1 제자들이 여러 나라의 방언으로 선포한 것은 무엇이며, 이를 들은 사람들은 어떻게 반응했는가?(2:11-13)

a) 제자들의 선포(11절): 하나님의 큰일

b) 사람들의 반응(12-13절): 다 놀라고 당황했으나 어떤 이들은 제자들을 조롱함

3:1 제 구 시 기도 시간에 베드로와 요한이 성전에 올라갈새 2 나면서 못 걷게 된 이를 사람들이 메고 오니 이는 성전에 들어가는 사람들에게 구걸하기 위하여 날마다 미문이라는 성전 문에 두는 자라 3 그가 베드로와 요한이 성전에 들어가려 함을 보고 구걸하거늘 4 베드로가 요한과 더불어 주목하여 이르되 우리를 보라 하니 5 그가 그들에게서 무엇을 얻을까 하여 바라보거늘 6 베드로가 이르되 은과 금은 내게 없거니와 내게 있는 이것을 네게 주노니 나사렛 예수 그리스도의 이름으로 일어나 걸으라 하고 7 오른손을 잡아 일으키니 발과 발목이 곧 힘을 얻고 8 뛰어 서서 걸으며 그들과 함께 성전으로 들어가면서 걷기도 하고 뛰기도 하며 하나님을 찬송하니 9 모든 백성이 그 걷는 것과 하나님을 찬송함을 보고 10 그가 본래 성전 미문에 앉아 구걸하던 사람인 줄 알고 그에게 일어난 일로 인하여 심히 놀랍게 여기며 놀라니라 11 나은 사람이 베드로와 요한을 붙잡으니 모든 백성이 크게 놀라며 달려 나아가 솔로몬의 행각이라 불리우는 행각에 모이거늘 12 베드로가 이것을 보고 백성에게 말하되 이스라엘 사람들아 이 일을 왜 놀랍게 여기느냐 우리 개인의 권능과 경건으로 이 사람을 걷게 한 것처럼 왜 우리를 주목하느냐 13 아브라함과 이삭과 야곱의 하나님 곧 우리 조상의 하나님이 그의 종 예수를 영화롭게 하셨느니라 너희가 그를 넘겨 주고 빌라도가 놓아 주기로 결의한 것을 너희가 그 앞에서 거부하였으니 14 너희가 거룩하고 의로운 이를 거부하고 도리어 살인한 사람을 놓아 주기를 구하여 15 생명의 주를 죽였도다 그러나 하나님이 죽은 자 가운데서 그를 살리셨으니 우리가 이 일에 증인이라 16 그 이름을 믿으므로 그 이름이 너희가 보고 아는 이 사람을 성하게 하였나니 예수로 말미암아 난 믿음이 너희 모든 사람 앞에서 이같이 완전히 낫게 하였느니라 17 형제들아 너희가 알지 못하여서 그리하였으며 너희 관리들도 그리한 줄 아노라 18 그러나 하나님이 모든 선지자의 입을 통하여 자기의 그리스도께서 고난 받으실 일을 미리 알게 하신 것을 이와 같이 이루셨느니라 19 그러므로 너희가 회개하고 돌이켜 너희 죄 없이 함을 받으라 이같이 하면 새롭게 되는 날이 주 앞으로부터 이를 것이요 20 또 주께서 너희를 위하여 예정하신 그리스도 곧 예수를 보내시리니 21 하나님이 영원 전부터 거룩한 선지자들의 입을 통하여 말씀하신 바 만물을 회복하실 때까지는 하늘이 마땅히 그를 받아 두리라 22 모세가 말하되

주 하나님이 너희를 위하여

너희 형제 가운데서 나 같은 선지자 하나를 세울 것이니

너희가 무엇이든지 그의 모든 말을 들을 것이라

[23] 누구든지 그 선지자의 말을 듣지 아니하는 자는

백성 중에서 멸망 받으리라

하였고 [24] 또한 사무엘 때부터 이어 말한 모든 선지자도 이 때를 가리켜 말하였느니라 [25] 너희는 선지자들의 자손이요 또 하나님이 너희 조상과 더불어 세우신 언약의 자손이라 아브라함에게 이르시기를

땅 위의 모든 족속이

너의 씨로 말미암아 복을 받으리라

하셨으니 [26] 하나님이 그 종을 세워 복 주시려고 너희에게 먼저 보내사 너희로 하여금 돌이켜 각각 그 악함을 버리게 하셨느니라

V. 관찰문제의 바른 답

 ## 말씀 돋보기(관찰)

1 베드로와 요한이 성전 문에서 만난 사람은 누구인가? 그가 거기에 있는 목적은 무엇인가?(3:1-2)

a) 만난 사람(2절): 나면서부터 걷지 못하는 사람

b) 목적(2절): 구걸하기 위해

Tip 유대인들이 성전에 모여 기도하는 제구시가 되자 베드로와 요한이 성전으로 올라갔다. 제구시는 우리 시간으로 오후 3시쯤인데, 당시 유대인들은 오전 9시, 정오, 오후 3시에 성전에 모여 기도했다. 이 중 하루를 시작하는 오전 9시와 마무리하는 오후 3시에 가장 많은 사람이 성전을 찾았다.

베드로와 요한은 미문이라는 성전 문 앞에서 구걸하는 사람을 만났다. 그는 나면서부터 걷지 못하는 사람이었다. '나면서'는 '그의 어머니의 태에서 나올 때'라는 뜻으로 그는 태어날 때부터 지금까지 마흔 살이 넘도

록 한 번도 두 발로 걸어 본 적이 없었다. 기도하기 위해 성전을 찾는 사람들에게 구걸해 생계를 유지할 수 있도록 사람들은 그를 메어다 '미문'이라는 성전 문 앞에 두었다.

그는 베드로와 요한이 성전에 들어가려 하는 것을 보고 구걸했다. 사도들은 가던 길을 멈추고 그에게 "우리를 보라"라고 말했다. '우리를 보라'는 집중을 요구하는 말이다. 걸인은 '우리를 보라'는 사도들의 말을 무엇을 주겠다는 뜻으로 알아듣고 사도들을 간절히 쳐다보았다. 아마도 평상시 성전을 출입하던 사람들이 주던 것보다 더 많은 돈을 주리라고 기대했을 것이다.

2 베드로는 걸인에게 무엇을 주었는가? 그 결과는 무엇이며, 걸인은 어떤 행동을 했는가?(3:6-8)

a) 베드로가 준 것(6절): 나사렛 예수 그리스도의 이름

b) 결과(7절): 태어날 때부터 걷지 못하던 자의 발과 발목이 곧 힘을 얻음

c) 걸인의 행동(8절): 뛰어 서서 걸으며 하나님을 찬송함

베드로는 자신들에게 돈은 없지만 대신 있는 것을 주겠다며 나사렛 예수 그리스도의 이름으로 일어나 걸으라고 했다. '이름'은 그 이름을 지닌 이의 권위와 권능을 상징한다. 그러므로 베드로가 나사렛 예수 그리스도의 이름으로 그에게 걸으라고 한 것은 예수님의 권능이 그를 걷게 하실 것이라는 믿음이 있었기 때문이다. 베드로가 자신에게 없는 은과 금 대신 나사렛 예수 그리스도의 이름으로 그에게 나음을 준 것이다. 예수님은 사도들을 통해 이 걸인에게 결코 돈으로 살 수 없는 새로운 삶을 주셨다. 그는 이제 구걸하지 않아도 된다. 걷게 된 다리로 노동해서 살아갈 수 있게 되었다.

일어나 걸으라는 말과 함께 베드로가 그의 오른손을 잡아 일으키자 걸인의 발과 발목이 곧 힘을 얻었다. 발이 완치되었으니 평생 성전 문에서 구걸하던 이가 처음으로 성전 안에 들어갈 수 있게 되었다. 그가 나음을 입은 것은 예수님이 행하시던 기적을 승천하신 후에도 제자들을 통해 계속 행하실 것을 암시한다.

평생 처음으로 걷게 된 걸인은 마냥 기뻐하며 다양한 행동으로 기쁨을 표현했다. 누가는 그의 행동을 '뛰다', '서다', '걷다', '들어가다', '걷다', '뛰다', '찬송하다' 등의 6개 동사로 7차례 묘사한다. 평생 한 번도 걸어보지 못한 사람이 걷게 되었으니 얼마나 기뻤을까! 이사야는 하나님이 자기 백성을 치료하시는 날 이런 일이 있을 것이라고 예언한 적이 있다(사 35:6). '찬송하다'는 예수님이 제자들을 통해 기적을 베푸시는 이유를 표현한다. 나음을 입은 사람이 하나님의 자녀가 되어 주님을 찬송하게 하기 위해서다. 이 사람도 예수님을 영접하고 하나님을 찬양했다.

3 하나님이 이 기적을 베푸신 목적은 무엇이며, 기적은 무엇으로 인해 일어났는가?(3:13, 16)
a) 기적의 목적(13절): 하나님의 종 예수를 영화롭게 하시려고
b) 기적의 도구(16절): 믿음

태어날 때부터 걷지 못하고 성전 미문 앞에서 구걸하던 사람이 성전을 뛰어다니는 것을 본 사람들은 모두 크게 놀랐다. 베드로는 이 기적은 자신들의 개인적인 권능과 경건으로 행한 것이 아니라고 한다. 그렇다면 어떻게 된 일인가? 모든 유대인들의 조상의 하나님 여호와께서 자기 종 예수님을 영화롭게 하려고 하신 일이다. 사도들은 자신들이 이 기적을 행한 것으로 착각하는 사람들을 일깨워 참된 치료자이신 이스라엘의 하나님을 바라보게 한다. 물론 걷지 못하던 자를 낫게 한 손은 베드로의 손이지만, 낫게 한 능력은 예수님의 것이다.

베드로가 "나사렛 예수 그리스도의 이름으로 일어나 걸으라"라고 명령했을 때, 그들이 그 이름을 믿으므로 기적이 일어났다. 그 이름을 믿은 자는 누구인가? 걷지 못했던 사람과 베드로와 요한이 모두 믿었다. 기적의 에이전트인 두 사도도 예수님을 믿었으며 낫고자 한 사람도 예수님을 믿었기 때문에 이 기적은 세 사람의 믿음이 일구어 낸 합작품이라 할 수 있다. 종합하면 베드로는 다음의 네 가지 사실을 지적한다: (1)걷지 못하던 사람이 예수님의 '이름'으로 걷게 되었다, (2)이 기적은 믿음으로 인해 일어났다, (3)그를 낫게 한 믿음은 예수님을 통해 왔다, (4)기적을 직접 목격

한 무리는 기적이 일어났다는 사실을 부인할 수 없다. 모인 자들이 자신이 보는 앞에서 기적이 일어났다는 사실을 부인할 수 없다면, 그들은 기적을 행하신 예수님을 믿을 것인지 혹은 부인할 것인지 선택해야 한다.

4 베드로가 선포한 예수님은 어떤 분인가? 이 예수님을 유대인들은 어떻게 했는가?(3:13-15, 22)

a) 13, 26절: 하나님의 종

14절: 거룩하고 의로운 이

15절: 생명의 주

b) 22절: 나(모세) 같은 선지자

c) 유대인들이 한 일(15절): 예수님을 죽임

베드로의 이 설교는 사도행전에 기록된 매우 중요한 기독론적 스피치 중 하나다. 그는 예수님을 하나님의 종, 거룩하고 의로운 이, 생명의 주, 모세와 같은 선지자, 그리스도, 아브라함의 후손이라고 한다. 베드로는 이 중에서 예수님이 '하나님의 종'이라는 말로 시작하고 마무리한다. '하나님의 종'은 이사야가 기록한 '[여호와의] 종의 노래들' 중 '종'과 '영화'가 유일하게 함께 언급되는 노래(사 52:13-53:12)가 배경이 된다. 하나님이 메시아에 대한 이사야의 예언을 예수님을 통해 성취하고 계시는 것이다. 또한 예수님은 '거룩하고 의로운 이'시다. 구약은 이 타이틀을 하나님의 호칭으로 사용한다. 이는 장차 오실 메시아가 어떤 분인지에 대한 유대교의 요약적 설명이라 할 수 있다. 예수님은 구약의 하나님 여호와시며, 신약에서는 하나님이 보내신 메시아가 확실하다는 것이다. 그런데 그들은 하나님이 보내신 메시아를 살인자 바라바보다 살려 둘 가치가 없는 존재로 대했다.

예수님은 생명의 주시다. '주'는 '시작하는 자, 다스리는 자, 지도자' 등 다양한 의미를 지니고 있어 최소한 세 가지 의미, 곧 생명을 주관하시는 이, 생명의 근원이신 이, 생명을 창조하신 이로 볼 수 있다. 모두 예수님께 적용된다. 일부 영어 번역본에서는 '생명의 저자'로 번역한다.

베드로는 신명기 18:15을 인용하면서 예수님을 '모세 같은 선지자'라고 한다. 당시 유대인들은 신명기 말씀을 메시아에 관한 것으로 이해했고, 메시아가 '모세 같은 선지자'로 오실 것으로 생각했다. 예수님이 바로 '모세 같은 선지자'로 오신 메시아다. 그러므로 그들은 예수님의 말씀을 들어야 한다.

베드로의 설교에서 중요한 테마는 하나님이 예수님을 통한 구원의 길을 시작하셨다는 것이다. 하나님은 자기 종 예수님을 유대인들에게 메시아로 보내셨는데, 그들은 예수님을 죽였다. 베드로는 그들이 한 일을 다음과 같이 네 단계로 회고한다: (1)그들은 예수님을 빌라도에게 넘겼다, (2)그들은 빌라도가 예수님에게 죄가 없으니 놓아주겠다고 한 판결을 거부했다, (3)그들은 빌라도에게 거룩하고 의로우신 예수님 대신 살인한 사람을 놓아주라고 요구했다. (4)결국 그들은 '생명의 주'이신 예수님을 죽였다.

5 유대인들은 누구며, 그들이 취해야 할 행동은 무엇인가? 그 결과 얻게 될 세 가지 축복은 무엇인가?(3:19-21, 25, Tip)

a) 유대인들의 정체성(25절): 언약의 자손

b) 취해야 할 행동(19절): 회개하고 돌이키는 것

c) 세 가지 축복 1(19절): 하나님이 그들의 죄를 없이 하심

  세 가지 축복 2(19절): 하나님이 새롭게 되는 날을 그들에게 보내심

  세 가지 축복 3(20-21절): 하나님이 예수님을 보내 만물을 회복하실 때 그들이 예수님과 함께함

베드로는 유대인들은 선지자들의 자손일 뿐 아니라, 하나님이 그들의 조상과 언약을 맺으셨으므로 '언약의 자손'이라고 한다. 하나님은 그들의 선조 아브라함에게 땅의 모든 족속이 그의 씨로 말미암아 복을 받을 것이라고 약속하셨다. 하나님은 오래전에 아브라함에게 하신 약속에 따라 땅의 모든 족속에게 복을 주시려고 예수님을 보내셨는데, 아브라함의 후손인 그들에게 먼저 보내셨다.

하나님이 그들에게 예수님을 보내신 것은 그들로 하여금 회개하고 돌이켜 복을 받게 하려는 것이다. 따라서 그들은 메시아이신 예수님을 알아보지 못하고 십자가에 못 박은 죄를 회개하고 용서를 구해야 한다. '회

개'는 가던 길을 멈추고 하나님께 돌아오는 것이다. '회개하고 돌이키라'는 것은 그동안의 사고방식과 옳다고 믿었던 것 그리고 취했던 행동을 모두 버리고 완전히 새로워져야 한다는 요구다.

베드로는 그들이 회개하면 세 가지 축복이 임할 것이라고 한다. 이 축복은 죄 사함으로 시작해 예수님의 재림으로 끝난다. 첫째, 하나님이 그들의 죄를 없이 하실 것이다. 하나님이 우리 죄를 사하실 때 죄가 완전히 사라진다는 뜻이다. 하나님은 용서하신 죄를 더는 기억하지 않으신다. 이 같은 하나님의 완전한 용서가 회개하는 사람들에게 임한다. 둘째, 하나님이 새롭게 되는 날을 그들에게 보내실 것이다. '새롭게'는 잃었던 생기를 되찾는다는 의미다. 회개하는 사람은 그를 짓누르는 책임과 얽매는 문제에서 자유로워지고 생기를 되찾아 새롭게 될 것이다. 셋째, 하나님이 예수님을 보내 만물을 회복하실 때 그들은 예수님과 함께할 것이다. 하나님은 예정한 때가 되면 그리스도, 곧 예수님을 세상에 보내신다. 예수님을 이 땅에 다시 보내시는 것은 하나님이 영원 전부터 계획하신 일이며, 오래전부터 거룩한 선지자들의 입을 통해 말씀하신 만물 회복을 이루시기 위해서다. 이 일은 종말에 있을 것이며, 그때까지 예수님을 하늘에 머물게 하실 것이다. 종말은 예수님의 탄생으로 이미 시작되었으며 최종적인 성취를 기다리고 있다. 그날이 되면 하나님은 세상 모든 것을 원래 의도하신 대로 복구하실 것이다.

VI. 적용과 나눔

 **삶의 내비게이션(적용)**

1 태어날 때부터 걷지 못했던 사람이 예수 그리스도의 이름으로 걷고 뛰며 하나님을 찬송하게 되었다. 당신은 예수님을 영접하기 전과 후에 어떠한 변화가 있었는가?

관찰문제 2번 참고. 승천하신 예수님은 세상에 계실 때와 다름없이 사역하신다. 다만 예전에는 직접 하셨지만, 승천하신 후에는 제자들을 통해 하신다. 이러한 사실은 이 시대를 사는 우리도 예수님께 쓰임받을 수 있음을 뜻한다. 예수님께 우리 자신을 드리면, 주님은 우리를 통해 놀라운 일을 하실 것이다. 예수님은 우리를 통해 절망적인 세상에 소망과 기쁨을 주시기를 바라신다.

예수님이 베푸시는 기적에는 한계가 없다. 이 걸인은 태어날 때부터 걷지 못했으며, 지난 40여 년간 이렇게 살았다. 다리는 굳을 대로 굳었고, 다시 걸을 수 있다는 소망은 아예 없었다. 모든 것이 절망적인 상황에서 예수님이 기적을 베풀어 그를 낫게 하셨다! 새로운 시작을 주신 것이다! 은혜를 입어 걷게 된 사람은 너무나도 기뻐서 서 있기도 하고, 걸어 보기도 하고, 뛰어 보기도 했다. 그러고 나서 성전에 들어가 그를 낫게 해 주신 하나님을 찬송했다. 하나님은 찬송 중에 우리를 만나 주신다.

예수님을 만나면 정체성, 감정, 삶의 목적, 관계 등 모든 영역에서 변화를 경험한다. 절망에 빠진 사람이 하나님이 주신 삶의 목적을 깨닫고 소망 가운데 살아가게 되고, 미래에 대한 불안과 실패에 대한 두려움이 성령이 주시는 평안과 용기로 변하며, 과거의 잘못과 상처에 묶여 있던 사람이 십자가 사랑으로 죄 사함을 받고 자유함을 누리게 되고, 자신을 아무 가치 없고 쓸모없는 존재로 여기던 사람이 하나님의 자녀라는 자아 정체감을 회복하고, 각종 중독(술, 도박, 음란, 분노 등)과 얽매임에서 해방되어 자유를 누리며 절제의 삶을 살게 되고, 혼자 걷던 인생이 공동체의 사랑과 기도와 돌봄을 통해 함께하는 삶으로 변화되고, 부활과 영생의 소망으로 죽음의 두려움을 이기는 믿음을 갖게 되는 기적과 같은 변화를 경험한다. 예수님을 만나면, 주님이 나를 그대로 두지 않으신다. 지금 이 순간도 변화는 계속되고 있다. 각자 예수님을 영접하기 전과 후에 어떠한 변화가 있었는지 이야기해 본다.

2 베드로는 설교를 통해 예수님이 하나님의 종, 거룩하고 의로운 이, 생명의 주, 모세 같은 선지자, 그리스도 메시아이심을 선포한다. 본문을 통해 당신이 만나고 알게 된 예수님은 어떤 분인가?

관찰문제 4번 참고. 예수님은 하나님이 영화롭게 하신 그리스도이시며, 우리를 구원에 이르게 할 거룩하고 의로우신 구세주시다. 하나님이 모세와 같은 선지자로 보내신 메시아이시며, 구약의 모든 선지자가 오실 것이라고 예언한 하나님이시다. 세상 모든 민족을 축복하기 위해 오신 생명의 저자이시다. 하나님 우편에 앉아 계시다가 종말에 오실 심판주이시다.

이러한 사실을 조금이라도 부인하는 것은 곧 하나님을 부인하는 것이다. 그러므로 하나님이 있다고 믿는 사람이라면 반드시 예수님을 영접하고 하나님의 백성이 되어야 한다. 인도자는 성경이 가르치는 예수님에 관한 이야기를 말씀 그대로 믿는지 질문하고, 신앙적으로 혼란스러워하거나 의구심을 갖는 부분은 없는지 확인한다. 각자 오늘 본문을 통해 만나고 새롭게 깨달은 예수님에 관해 이야기해 본다.

3 베드로는 회개하는 자들이 하나님의 축복을 받게 될 것이라고 전한다. 당신이 주님을 믿고 회개한 후 누리고 있는 축복은 무엇인가?

관찰문제 5번 참고. 회개는 그동안 지녔던 사고방식과 옳다고 믿었던 것, 그리고 취했던 행동을 모두 버리고 완전히 새로워지는 것이다. 그때는 몰라서 그랬지만, 이제 진리를 알게 된 사람들은 더는 모른 척하면 안 된다. 예수님을 바라보는 관점을 당장 바꾸어야 한다. 알면서도 계속 회개하지 않으면 의도적으로 죄를 짓는 것이 되기 때문이다.

하나님이 우리에게 예수님을 보내신 이유는 우리로 하여금 돌이켜 악함을 버리게 하기 위해서다. 하나님의 복은 회개하고 악함을 버릴 때 비로소 임한다. 베드로는 회개하는 자들이 죄 사함을 얻고, 자신을 짓누르던 책임과 얽매는 문제로부터 자유와 생기를 되찾아 새롭게 되는 복을 받는다고 말한다. 또한 예수님이 재림해 만물을 회복하실 때 회개하는 자들은 예수님과 함께할 것이다. 이러한 복은 회개하고 돌이키는 자들의 것이다. 회개는 더는 악한 행실을 하지 않는 것으로 이어져야 한다. 주님의 부활이 우리에게 안겨 주는 축복 중 하나는 악함을 버리게 하는 일이다.

진심으로 회개하고 주님을 믿는 자에게는 삶의 실질적인 변화와 축복이 주어진다. 예전에는 죄책감과 불안 속에 살았지만, 이제는 하나님 안에서 자유와 평안을 누린다. 회개를 통해 하나님과의 관계가 회복된 사람은 사람과의 관계도 새롭게 회복되고, 반복해서 짓던 죄에서 벗어나 자유를 누리게 된다. 그리고 이전에는 성경 말씀이 지루하고 무의미했지만, 회개 후에는 말씀에 대한 갈급함과 기쁨이 찾아온다. 회개한 심령은 하나님께 쓰임받기를 소망하게 되고, 교회와 이웃을 위한 헌신의 삶을 살아갈 뿐 아니라, 성공이나 세상을 기준으로 삼지 않고 하나님이 기뻐하시는 길로 삶의 방향과 목적을 바꾼다. 그러므로 회개는 고통스러운 자기 부정처럼 느껴질 수 있지만, 그 끝에는 하나님이 주시는 참된 자유와 기쁨이 기다리고 있음을 기억해야 한다. 각자 예수님을 믿고 회개했던 경험과 회개한 후 찾아온 축복에 관해 이야기해 본다.

기도로 마무리한다.
제4주 관찰문제를 예습해 오게 한다.
실천과제를 제시한다.

 **생활의 아로마**(실천)

예 1) 신앙생활이 명사형(믿음, 소망, 사랑 등)에 머물러 있는 부분은 무엇인지 점검하고, 동사형(뛰다, 걷다, 찬양하다 등)으로 실천해 본다.
　 2) 예수님을 믿으면서도 여전히 죄책감과 불안 속에서 살고 있다면 회개하고 참된 자유와 기쁨의 삶을 회복한다.

제4주 꺾이지 않는 증인들

학습목표

모든 삶의 상황 속에서 하나님을 선택하고, 하나님 말씀을 따라 예수님의 증인이 되어 살아간다.

KEYWORD **특권, 담대함, 증언**

I. 찬양과 기도

II. 지난주 실천과제 나눔

III. 복습문제 풀이

 복습

1 베드로가 선포한 예수님은 어떤 분인가? 이 예수님을 유대인들은 어떻게 했는가?(3:13-15, 22)

   a) 13, 26절: 하나님의 종

      14절: 거룩하고 의로운 이

      15절: 생명의 주

   b) 22절: 나(모세) 같은 선지자

   c) 유대인들이 한 일(15절): 예수님을 죽임

4:1 사도들이 백성에게 말할 때에 제사장들과 성전 맡은 자와 사두개인들이 이르러 2 예수 안에 죽은 자의 부활이 있다고 백성을 가르치고 전함을 싫어하여 3 그들을 잡으매 날이 이미 저물었으므로 이튿날까지 가두었으나 4 말씀을 들은 사람 중에 믿는 자가 많으니 남자의 수가 약 오천이나 되었더라 5 이튿날 관리들과 장로들과 서기관들이 예루살렘에 모였는데 6 대제사장 안나스와 가야바와 요한과 알렉산더와 및 대제사장의 문중이 다 참여하여 7 사도들을 가운데 세우고 묻되 너희가 무슨 권세와 누구의 이름으로 이 일을 행하였느냐 8 이에 베드로가 성령이 충만하여 이르되 백성의 관리들과 장로들아 9 만일 병자에게 행한 착한 일에 대하여 이 사람이 어떻게 구원을 받았느냐고 오늘 우리에게 질문한다면 10 너희와 모든 이스라엘 백성들은 알라 너희가 십자가에 못 박고 하나님이 죽은 자 가운데서 살리신 나사렛 예수 그리스도의 이름으로 이 사람이 건강하게 되어 너희 앞에 섰느니라 11 이 예수는

너희 건축자들의 버린 돌로서

집 모퉁이의 머릿돌이 되었느니라

12 다른 이로써는 구원을 받을 수 없나니 천하 사람 중에 구원을 받을 만한 다른 이름을 우리에게 주신 일이 없음이라 하였더라 13 그들이 베드로와 요한이 담대하게 말함을 보고 그들을 본래 학문 없는 범인으로 알았다가 이상히 여기며 또 전에 예수와 함께 있던 줄도 알고 14 또 병 나은 사람이 그들과 함께 서 있는 것을 보고 비난할 말이 없는지라 15 명하여 공회에서 나가라 하고 서로 의논하여 이르되 16 이 사람들을 어떻게 할까 그들로 말미암아 유명한 표적 나타난 것이 예루살렘에 사는 모든 사람에게 알려졌으니 우리도 부인할 수 없는지라 17 이것이 민간에 더 퍼지지 못하게 그들을 위협하여 이 후에는 이 이름으로 아무에게도 말하지 말게 하자 하고 18 그들을 불러 경고하여 도무지 예수의 이름으로 말하지도 말고 가르치지도 말라 하니 19 베드로와 요한이 대답하여 이르되 하나님 앞에서 너희의 말을 듣는 것이 하나님의 말씀을 듣는 것보다 옳은가 판단하라 20 우리는 보고 들은 것을 말하지 아니할 수 없다 하니 21 관리들이 백성들 때문에 그들을 어떻게 처벌할지 방법을 찾지 못하고 다시 위협하여 놓아 주었으니 이는 모든 사람이 그 된 일을 보고 하나님께 영광을 돌림이라 22 이 표적으로 병 나은 사람은 사십여 세나 되었더라

 말씀 돋보기(관찰)

1 사도들이 메시지를 선포할 때 찾아온 자들은 누구인가? 그들은 어떤 반응을 보였으며, 그 결과는 무엇인가?(4:1-4)
a) 찾아온 자들(1절): 제사장들, 성전 맡은 자, 사두개인들
b) 반응(2-3절): 싫어하고 가둠
c) 결과(4절): 믿는 자가 많아짐

Tip 예루살렘 사람들과 디아스포라 유대인들은 사도들이 선포한 복음에 매우 긍정적으로 반응했다. 많은 사람이 솔로몬 행각으로 모이자 성전을 관리하는 제사장들과 성전 맡은 자와 사두개인들도 사도들이 있는 곳에 이르렀다. '제사장들'은 예배와 제물 등을 관리하는 레위 지파 사람 중 아론의 후손이다. '성전 맡은 자'는 레위 사람 200명으로 구성된 성전 경비원을 총괄하는 사람으로, 성전에서 대제사장 다음으로 높은 지위다. '사두개인들'은 자신들이 솔로몬 시대 대제사장인 사독에게서 비롯되었고, 사독은 아론의 맏아들의 후손이라고 주장했다. 즉 자신들이야말로 진짜 정통파 제사장이라는 것이다. 사두개인들은 귀족적 그룹을 형성했으며, 항상 이 그룹에서 대제사장이 선출되었다. 그들은 매우 물질론적 세계관을 지녔으며, 자신의 이권을 보존하기 위해 로마 정권에 매우 협조적이었다. 또한 부활을 부인했으며 인간의 자유 의지와 책임을 강조했다. 그들은 사도들의 가르침이 지금 누리고 있는 로마 정권과의 정치적·사회적·종교적 안정을 위협할까 봐 염려했다. 자신들의 특권을 보존하는 일에 치중하는 것이다.

사도들이 백성을 가르치고 전하는 것을 싫어했던 유대교 지도자들은 세 가지 이유를 들어 사도들을 잡아 가두었다. 첫째, 사도들은 성전 관리자들의 허락 없이 솔로몬 행각에서 사람들을 가르쳤다. 둘째, 사도들은 부활을 가르쳤다. 제사장은 대부분 사두개인이며 그들은 부활을 믿지 않았다. 따라서 사도들이 예수님이 부활하신 첫 사례라고 하는 것은 부활이

없다는 자신들의 주장을 정식으로 반박하기에 용납할 수 없다. 셋째, 사도들은 예수님의 이름을 전했다. 자신이 하나님의 아들 메시아라는 주장을 굽히지 않는 예수님을 하나님께 망언한 자로 몰아 죽음으로 몰고 간 자들이 바로 유대교 지도자들이다. 이러한 이유로 그들은 사도들을 잡아 가두었다.

유대교 지도자들이 사도들을 잡아들이는 상황에서도 예수님을 믿는 자가 계속 늘었다. 예수님의 승천 직후 120명이었던 제자가(1:15), 며칠 후 3,000명으로 늘더니(2:41), 이제는 남자만 5,000명이 되었다. 예루살렘 교회가 기하급수적으로 성장하고 있다. 초대교회는 세 가지 일, 즉 공공 장소 설교, 회당 설교, 성도들이 각 집에 모여 예배하고 교제하고 서로 돕는 것을 통해 기하급수적인 성장을 경험했다.

2 사도들의 주된 관심사는 무엇이며, 그들이 심문 중에도 담대하게 선포할 수 있었던 이유는 무엇인가?(4:8, Tip)
a) 주된 관심사(Tip): 예수님에 대한 증언
b) 이유(8절): 성령으로 충만했기 때문에

베드로와 요한이 산헤드린에 잡혀 와 심문당하는 상황에서 성령으로 충만해 예수님에 대해 증언하는 일은 누가복음 21:12–15에서 예수님이 제자들에게 다가올 핍박에 관해 말씀하신 것이 실현되는 사례라 할 수 있다. 잡혀 온 사도들이 자신을 변호하는 것은 당연한 일이지만, 베드로는 오히려 이 상황을 기회로 삼아 종교 지도자들에게 예수님에 대해 전한다. 사도들의 관심은 그들이 죽인 예수님이 그리스도라는 사실을 증언하는 데 있다.

베드로와 요한이 생명을 위협받는 상황에서도 담대하게 말할 수 있었던 것은 그들이 성령으로 충만했기 때문이다. '성령이 충만하여'는 성령이 즉시 그 자리에서 베드로에게 임해 그의 스피치에 영감을 더했다는 뜻이다. 사람이 성령으로 충만하면 두려움이 사라진다. 믿음의 반대는 두려움이며, 믿음이 있는 곳에 두려움이 없기 때문이다. 그러므로 성령으로 충만하면 담대히 예수님을 전하게 된다.

3 베드로가 산헤드린 공회 앞에서 예수님에 대해 증언한 다섯 가지 사실은 무엇인가?(4:10-12, Tip)

a) 10a절: 이스라엘 모두에게 예수님을 십자가에 못 박은 책임이 있음

b) 10b절: 하나님이 예수님을 죽은 자 가운데서 살리셨음

c) 10c절: 나사렛 예수는 그리스도이심

d) 11절: 예수님이 집 모퉁이의 머릿돌이 되심

e) 12절: 예수님은 온 인류의 유일한 구세주이심

베드로는 하나님이 자신을 예수님의 증인으로 세우신 일을 매우 중요하게 여긴다. 그러므로 이 기회를 통해 예수님에 대한 다섯 가지 사실을 증언한다. 그는 마치 구약의 선지자처럼 선포한다.

첫째, 이스라엘 백성 모두에게 예수님을 십자가에 못 박은 책임이 있다. 예수님의 죽음에 대해 누구보다도 지도자들의 책임이 크다. 그들은 예수님을 신성 모독자로 낙인찍어 죽음으로 몰아갔다. 일반인들도 지도자들의 농간에 놀아나 총독 빌라도에게 예수님을 죽이고 그 대신 강도 바라바를 살리라고 외쳤다. 그러므로 그들 모두에게 책임이 있다.

둘째, 하나님이 예수님을 죽은 자 가운데서 살리셨다. 예수님은 죄가 없으며 억울한 죽음을 당하셨다. 그러므로 하나님은 예수님을 다시 살리심으로써 예수님에게 죄가 없다는 사실을 인정하시고, 그를 죽인 이스라엘은 메시아를 죽이는 죄를 지었다고 하신다.

셋째, 나사렛 예수는 그리스도이시다. 헬라어로 '그리스도'는 히브리어로 '메시아'를 번역한 것이다. 예수님이 바로 유대인들이 그토록 기다리던 메시아라는 뜻이다. 안타까운 사실은 메시아가 오셨지만 그들이 주님을 알아보지 못했다는 것이다.

넷째, 예수님은 집 모퉁이의 머릿돌이 되셨다. 집을 건축하는 자들이 버린 돌이 집 모퉁이의 머릿돌이 되었다는 것은 시편 118:22 말씀이 예수님을 통해 성취되었음을 의미한다. 지도자들은 '이스라엘(하나님의 백성)이라는 건물'을 건축하는 일을 맡았는데, 이 건물의 가장 중요한 돌인 예수님을 쓸모없다며 버렸다. 그러므로 부활하신 예수님은 새로운 집(건물) 모퉁이의 머릿돌이 되셨다. 모퉁이의 머릿돌은 건물의 위치와 방향과 크

기를 결정하는 가장 중요한 돌이다. 예수님은 교회의 가장 중요한 반석이 되셨다.

다섯째, 예수님은 온 인류의 유일한 구세주시다. 이를 강조하기 위해 "다른 이로써는 구원을 받을 수 없나니"라는 말이 문장의 제일 앞에 있다. '구원'은 병에서 낫는 것뿐 아니라 영생을 얻는 것도 의미한다. 유대인들은 그들 자신이 하나님께 나아가는 길을 독점하고 있으며, 하나님의 계시를 받은 특별한 백성이라고 여겼다. 그러나 베드로는 그들 역시 예수님 없이는 하나님께 나아갈 수 없다고 한다. 우리는 오직 예수님을 믿어 구원에 이르게 된다.

4 베드로와 요한이 담대히 말하는 것을 보고 유대교 지도자들은 어떤 반응을 보였는가? 그 이유는 무엇이며, 이후 사도들에게 무엇을 경고했는가?(4:13, 18)

a) 유대교 지도자들의 반응(13절): 이상히 여김

b) 이유(13절): 본래 학문 없는 범인으로 알았기 때문에

c) 사도들에게 내린 경고(18절): 예수의 이름으로 말하지도 말고 가르치지도 말 것

유대교 지도자들은 베드로와 요한의 담대한 증언을 듣고 놀랐다. 베드로와 요한은 본래 학문이 없는 범인들이다. '학문이 없다'라는 말에는 문맹이라는 의미도 있지만, 본문에서는 정규 교육을 받은 적이 없다는 뜻이다. '범인'은 랍비 교육을 받지 않은 평신도, 혹은 비전문가를 뜻한다. 예루살렘 공회(산헤드린)는 그들이 랍비 과정을 통해 신학 교육을 받은 적이 없는데 마치 신학 교육을 받은 사람들처럼, 그것도 매우 잘 교육받은 웅변가들처럼 성경적·신학적 논리를 펼치고 입증하는 것을 이상히 여겼다. 그러나 성령으로 충만한 사람은 이처럼 모든 사람을 놀라게 하는 일을 할 수 있다.

산헤드린은 사도들을 어떻게 처리할지 의논했다. 하지만 그들은 사도들이 전한 "예수님은 메시아시고 하나님이 죽은 자 중에서 그를 살리셨다"라는 주장의 진위에는 전혀 관심이 없다. 그들의 유일한 관심사는 하나

님이 사도들을 통해 역사하신다는 사실을 부인하는 것이다.

이제 그들이 할 수 있는 유일한 조치는 사도들을 불러 위협하는 것이라고 생각한다. 이에 베드로와 요한을 불러 앞으로 예수의 이름으로 말하지도 말고 가르치지도 말라고 경고했다. 이는 예수님에 대해 증언하는 것을 포기하라는 엄포다. 그러나 우리가 잘 알다시피 사도들은 증인으로 부르심을 받았다. 그러므로 이런 명령을 받아들일 리 없다. 앞으로 산헤드린과 사도들의 갈등이 더 커질 것이다.

5 산헤드린의 경고에 사도들은 어떻게 반응했으며, 그들은 사도들을 어떻게 조치했는가?(4:19-20, 21)

a) 사도들의 반응(20절): 우리(베드로와 요한)는 보고 들은 것을 말하지 아니할 수 없다고 거부함

b) 사도들에 대한 조치(21절): 다시 위협하고 놓아줌

베드로와 요한은 산헤드린이 참으로 어이없는 요구를 하고 있다는 반응을 보인다. 사도들은 하나님 앞에서 그들의 말을 듣는 것이 하나님의 말씀을 듣는 것보다 더 옳은지 판단할 것을 요구하며 자신들이 보고 들은 것을 말하지 않을 수 없다고 거부한다. 사도들은 메시아이신 예수님을 보았고, 유대교 지도자들이 그분을 십자가에 못 박아 죽인 것을 보았다. 하나님이 예수님을 죽음에서 다시 살리신 것을 보았고, 부활하신 예수님이 승천하시는 것도 보았다. 또한 하나님의 말씀을 들었고, 예수님께 가르침을 받았다. 무엇보다 사도들은 그들이 보고 들은 것을 온 세상에 증언하라는 소명을 받았다. 그러므로 하나님의 말씀에 따라 행동하는 자신들은 하나님 말씀에 상반되는 일을 요구하는 산헤드린의 말에 절대로 복종할 수 없다.

산헤드린은 유대교의 가장 권위 있는 기관이었다. 그들은 하나님의 이름으로 모든 이슈에 최종 판결을 내렸다. 그들이 하나님과 계속 소통하며 하나님의 의중을 반영하는 판결을 내렸다면 참으로 좋았을 텐데, 산헤드린은 어느새 하나님의 음성을 듣지 못하는 기관이 되었다. 산헤드린은 더는 하나님을 대변하거나 하나님의 뜻을 알리는 자들이 아니다. 그들은

누구든지 자신의 특권과 이익에 위협이 된다 싶으면 하나님이 종으로 쓰
시는 사람들까지 벌하려고 했다.

사도들이 명령을 거부하자 산헤드린은 딱히 할 수 있는 일이 없다. 게다
가 이 일을 지켜보는 모든 사람이 전날 일어난 기적에 대해 하나님께 영
광을 돌리는 상황이다. 그들은 어떻게든 사도들을 혼내고 싶지만, 지켜
보는 눈이 너무나 많다. 그러므로 산헤드린은 사도들을 한 번 더 위협하
고(협박하고) 놓아주었다.

 삶의 내비게이션(적용)

1 사도들은 최고 의결 기관인 산헤드린의 결정을 거부하고, 증인으로
부르신 하나님의 말씀을 듣기로 한다. 당신이 중요한 결정을 앞두고
사람들의 방해에도 불구하고 하나님의 인도하심을 선택했던 때는 언
제인가?

관찰문제 5번 참고. 성령으로 충만한 사람은 배움이 짧아도 많이 배운 사람처
럼, 신학을 모르는 사람도 잘 아는 사람처럼 논리 정연하게 상대방을 침묵시킬
수 있다. 예루살렘 공회(산헤드린)는 당시 최고의 '엘리트 신학자'로 구성되어
있었다. 그러나 랍비 교육을 받은 적 없는 사도들이 신학적 논쟁에서 71명으로
구성된 예루살렘 공회를 당혹스럽게 만들었다. 사도들 가운데 충만한 성령이
그들이 예전에 예수님께 가르침받았던 것을 사용하신 것이다.

아무리 좋은 의도로, 심지어 하나님을 경외하고 섬기기 위해 세워진 기독교 기
관이라고 해도 하나님의 음성을 듣지 못하면 하나님의 뜻과 상반된 결정을 내
리고 나쁜 짓을 할 수 있다. 교단과 노회도 예외가 아니다. 그러므로 우리는 이
런 기관들을 의지해서는 안 되며, 오직 하나님만 바라보며 주님의 음성에 귀를
기울여야 한다.

우리가 무엇보다 힘쓰고 노력해야 할 것은 하나님의 인도하심과 뜻에 따라 사
는 것이다. 하나님의 음성과 인간의 말 중 한 가지를 선택해야 할 때는 주저하

지 말고 하나님께 귀를 기울여야 한다. 직장에서 상사가 부당한 지시를 할 때 하나님께 기도하며 양심과 신앙에 따라 진실과 정직을 선택한 일, 가족의 반대 속에서도 신앙을 선택한 일, 돈과 명예를 얻는 직업보다 하나님이 감동을 주신 진로를 선택한 일, 교회 안에서 중보 기도나 교사 같은 봉사를 제안받았을 때 어려운 마음이 있었지만 기도하며 순종하기로 결심한 일 등은 우리 삶에서 하나님의 인도하심을 따른 좋은 예가 된다. 무엇보다 우리는 결정의 순간마다 "이 일이 정말 하나님이 원하시는 일인가?"라고 기도하며 분별하는 지혜가 필요하다. 사람이 보기엔 어리석어 보여도, 하나님의 뜻이라면 그것이 가장 지혜로운 길이다. 각자의 삶에서 중요한 결정을 앞두고 사람들의 방해에도 불구하고 하나님의 인도하심을 선택했던 일을 이야기해 본다.

2 베드로와 요한은 생명을 위협받는 상황에서도 성령으로 충만해 담대하게 예수님을 증언했다. 당신은 삶에 찾아오는 어려운(두려운) 상황에 어떻게 대처하고 있는가?

관찰문제 2번 참고. 예수님을 담대하게 증언하는 것은 성령 충만함의 표현이다. 믿음은 우리 마음에서 두려움을 내몰고 확신과 담대함으로 채운다. 그러므로 사도들은 그들을 죽일 수도 있는 유대교 지도자들 앞에서 그들이 죽인 예수님이 그리스도라는 사실을 담대하게 증언했다.

우리 삶에도 때로 어렵고 두려운 상황에 맞서야 할 때가 있다. 이때 사람들의 매우 다양한 반응을 볼 수 있다. 시험이 두려워 아예 포기하거나 아픈 사실을 숨기고 병원에 가지 않는 등 문제를 외면하고 피하는 사람, '나는 안 돼'와 같은 부정적인 생각에 빠져 쉽게 절망하거나 낙심하는 사람, 과도한 걱정과 불안에 빠져 불면이나 식욕 부진 등을 겪는 사람, 혼자 해결하려고 버티다가 무너지는 사람, 문제의 원인을 외부에서 찾고 누군가를 원망하며 남 탓하는 사람, 교회 소그룹이나 가족과 함께 문제를 나누고 기도와 도움을 요청하는 사람, 마음과 태도를 바꾸어 고난 중에도 감사의 제목을 찾거나 작은 실천으로 돌파구를 찾는 사람, 지금은 이해가 안 되지만 하나님의 인도하심을 믿고 기도하며 기다리는 믿음의 사람들이 있다. 위기를 만났을 때 하나님을 바라보고 기도하며 믿음으로 반응하는 것이 결국 승리의 길로 이어진다. 각자의 삶에 어려운(두려운) 상황이 찾아올 때 어떻게 대처하는지 이야기해 본다.

3 자신들이 누리는 특권을 잃을까 봐 두려웠던 유대교 지도자들은 사도들의 가르침을 싫어했다. 교회에서 섬기고 봉사하는 일에서 당신의 주된 동기와 관심사는 무엇인가?

관찰문제 1번 참고. 유대교 지도자들은 사도들의 메시지에 전혀 관심을 보이지 않는다. 그들에게는 하나님의 말씀에 반응할 눈과 귀가 없으며, 오직 지금 누리는 특권을 보존하는 일에만 치중한다. 그들에게 교회의 고속 성장은 걱정거리일 뿐이다. 하나님이 하시는 일이 하나님을 사랑한다고 자부하는 유대교 지도자들에게 근심이 되었다. 이는 신앙인들, 특히 교회의 지도자들도 이권과 특권의 노예가 될 수 있음을 보여 준다. 참으로 어이없는 일이지만, 종교적 지위가 봉사와 섬김이 아니라 권력과 권세가 되면 자주 빚어지는 일이다.

이 모습은 오늘날 우리에게도 경고가 된다. 교회에서 중요한 직분을 맡은 후 자기 권위를 내세우려 하는 사람, 찬양팀이나 교사나 성가대 봉사를 하면서 '내가 빠지면 안 돌아갈 거야'라는 생각에 빠져 섬김보다 자리를 유지하는 데 더 집중하는 사람, 회의 때 하나님의 뜻보다 자기 의견을 관철하려고 고집하는 사람, 누가 알아주지 않으면 낙심하거나 불평하는 사람 등 교회 안에 다양한 봉사자가 있다.

우리는 봉사할 때 다음과 같은 질문을 던지며 스스로 점검해 보아야 한다. 첫째, 내가 지금 하고 있는 봉사와 사역은 누구를 위한 것인가? 하나님을 기쁘시게 하기 위한 것인지, 아니면 사람에게 인정받기 위한 것인지 점검해야 한다. 둘째, 내가 맡은 자리에서 누군가와 비교하거나 경쟁하고 있지는 않은가? 더 많이 보이고, 더 인정받으려는 마음이 앞서지 않도록 주의해야 한다. 셋째, 섬김이 기쁨이 아니라 짐처럼 느껴질 때, 내가 놓치고 있는 것은 무엇인지 질문하고 첫사랑의 감격과 순수한 열정을 회복해야 한다. 봉사의 동기가 잘못되었을 때 특권(권력)이 되고 부패한 기관으로 전락할 수 있다. 섬김과 봉사는 그리스도의 사랑을 실천할 기회다. 각자 섬기고 봉사하는 일에서 마음의 동기와 관심사가 어디에 있는지 이야기해 본다.

기도로 마무리한다.
제5주 관찰문제를 예습해 오게 한다.
실천과제를 제시한다.

 **생활의 아로마**(실천)

예 1) 어렵고 두려운 상황에서도 담대하게 예수님을 증언할 수 있도록 성령님께
도우심을 구한다.

2) 주님을 향한 첫사랑과 순수한 열정을 가지고 맡은 자리에서 섬김과 봉사
를 실천한다.

제5주 진심 대 사심

학습목표

믿음으로 선한 일을 행할 때 우리 안에 사랑으로 인한 순수한 동기가 있는지 점검하고, 교회의 순수성을 지키기 위해 힘쓴다.

KEYWORD **성령의 임재, 진심, 사심**

I. 찬양과 기도

II. 지난주 실천과제 나눔

III. 복습문제 풀이

 복습

1 사도들의 주된 관심사는 무엇이며, 그들이 심문 중에도 담대하게 선포할 수 있었던 이유는 무엇인가?(4:8, Tip)

　a) 주된 관심사(Tip): 예수님에 대한 증언

　b) 이유(8절): 성령으로 충만했기 때문에

4:36 구브로에서 난 레위족 사람이 있으니 이름은 요셉이라 사도들이 일컬어 바나바라 (번역하면 위로의 아들이라) 하니 37 그가 밭이 있으매 팔아 그 값을 가지고 사도들의 발 앞에 두니라 5:1 아나니아라 하는 사람이 그의 아내 삽비라와 더불어 소유를 팔아 2 그 값에서 얼마를 감추매 그 아내도 알더라 얼마만 가져다가 사도들의 발 앞에 두니 3 베드로가 이르되 아나니아야 어찌하여 사탄이 네 마음에 가득하여 네가 성령을 속이고 땅 값 얼마를 감추었느냐 4 땅이 그대로 있을 때에는 네 땅이 아니며 판 후에도 네 마음대로 할 수가 없더냐 어찌하여 이 일을 네 마음에 두었느냐 사람에게 거짓말한 것이 아니요 하나님께로다 5 아나니아가 이 말을 듣고 엎드러져 혼이 떠나니 이 일을 듣는 사람이 다 크게 두려워하더라 6 젊은 사람들이 일어나 시신을 싸서 메고 나가 장사하니라 7 세 시간쯤 지나 그의 아내가 그 일어난 일을 알지 못하고 들어오니 8 베드로가 이르되 그 땅 판 값이 이것뿐이냐 내게 말하라 하니 이르되 예 이것뿐이라 하더라 9 베드로가 이르되 너희가 어찌 함께 꾀하여 주의 영을 시험하려 하느냐 보라 네 남편을 장사하고 오는 사람들의 발이 문 앞에 이르렀으니 또 너를 메어 내가리라 하니 10 곧 그가 베드로의 발 앞에 엎드러져 혼이 떠나는지라 젊은 사람들이 들어와 죽은 것을 보고 메어다가 그의 남편 곁에 장사하니 11 온 교회와 이 일을 듣는 사람들이 다 크게 두려워하니라 12 사도들의 손을 통하여 민간에 표적과 기사가 많이 일어나매 믿는 사람이 다 마음을 같이하여 솔로몬 행각에 모이고 13 그 나머지는 감히 그들과 상종하는 사람이 없으나 백성이 칭송하더라 14 믿고 주께로 나아오는 자가 더 많으니 남녀의 큰 무리더라

 말씀 돋보기(관찰)

1 사도들이 구브로에서 온 요셉에게 지어준 이름(별명)과 의미는 무엇인가? 그가 행한 믿음의 삶과 목적은 무엇인가?(4:36-37, Tip)
   a) 이름(별명)과 의미(36절): 바나바, 위로의 아들

b) 믿음의 삶(37절): 밭을 팔아 그 값을 사도들의 발 앞에 둠

c) 목적(Tip): 가난한 사람들을 돕고자 함

 예루살렘 교회 성도들은 모든 물건을 통용하고 자기 재물을 조금이라도 자기 것으로 주장하지 않았다. 그들 중 부유한 사람들은 필요할 때마다 자기 집과 밭을 팔아 가난한 사람들을 도왔다. 이런 믿음의 삶을 실천한 모범 사례로 바나바가 있다. 바나바는 지중해에서 가장 큰 섬 구브로(오늘날의 키프로스)에서 온 유대인이다. 그는 레위 지파 사람이었고, 원래 이름은 요셉이었다. 율법은 레위 사람들이 땅을 소유하는 것을 금하지만, 예수님 시대에는 그들 가운데 부자가 상당히 많았다. 레위 사람 중에서도 아론의 후손만 제사장이 될 수 있었기 때문에 레위 사람들은 성전에서 문지기, 보호 경찰, 율법 선생, 구약 사본 필사 등 다양한 일을 했다.

사도들은 구브로에서 온 요셉에게 '바나바'라는 이름(별명)을 붙여 주었는데, 이 이름은 '위로의 아들'이라는 의미로 해석된다. 훗날 사울이 회심을 하고 3년간 아라비아와 다메섹에서 선교하다가 예루살렘을 찾았을 때 아무도 그를 만나주지 않았는데, 그의 회심을 의심했기 때문이다. 이때 바나바가 예루살렘 교회가 사울을 환영하도록 사도들을 설득했다(9:26-30). 바나바는 참으로 이름(바나바, '격려의 아들')값을 하는 사람이었다.

바나바는 상당한 부를 소유한 사람이었다. 그는 교회 내 가난한 사람들을 돕고자 자기 밭을 팔아 그 돈을 가져와 사도들의 발 앞에 두었다. 사도들의 발 앞에 두었다는 것은 밭을 팔아 마련한 돈을 어디에 어떻게 사용할 것인지 온전히 사도들이 결정하게 했다는 뜻이다. 바나바는 서로 사랑하고 섬기는 교회(공동체)를 이 땅에 실현하는 좋은 모델이 되고 있다.

2 아나니아와 삽비라 부부가 행한 긍정적인 모습과 부정적인 모습은 무엇인가?(5:1-2, Tip)

a) 긍정적인 모습(1-2절): 소유를 팔아 사도들의 발 앞에 둠

b) 부정적인 모습(2절): 얼마를 감추고 나머지를 사도들에게 가져옴

예루살렘 교회는 우리가 꿈꾸는 교회지만, 그렇다고 완벽한 교회는 아니었다. 교회 내에서 자신의 위상을 드높이기 위해 하나님을 속이는 이들도 있었다. 바로 아나니아와 그의 아내 삽비라다. 그들은 자신을 과시하기 위해 내키지 않는 일을 따라 했다가 화를 당했다. 아나니아는 '여호와는 자비로우시다'라는 뜻을 지닌 헬라어 이름이고, 삽비라는 아람어로 '아름다운'이라는 의미를 지닌 이름이다. 이 부부는 이름값을 못하는 자들이었다.

아나니아와 삽비라는 바나바처럼 소유를 팔아 사도들의 발 앞에 두었다. 소유는 '땅'을 의미한다. 그들은 사도들이나 공동체 지도자들이 요구해서 땅을 판 것이 아니다. 누구도 요구하지 않았는데, 본인들이 사람들에게 칭찬과 존경을 받기 위해 이런 일을 했다. 하지만 땅을 판 돈을 보니 아까운 마음이 든 것인지 아나니아와 삽비라는 돈의 일부를 감추었다. '감추다'는 아간이 여리고성에서 얻은 전리품 일부를 내놓지 않고 숨긴 것을 묘사할 때 사용된 단어다(수 7:1). 즉, 누가는 아나니아를 제2의 아간으로 묘사하고 있다. 이 부부는 나머지 돈을 사도들의 발 앞에 두고는 전액을 가져온 것처럼 행동했다. 안타깝게도 예루살렘 공동체는 이제 더는 한마음과 한뜻이 아니다.

3 아나니아와 삽비라가 한 거짓말은 누구를 속이는 것인가? 그들이 거짓말을 한 이유는 무엇인가?(5:3-4, 9, Tip)

a) 부부가 속이는 본질적인 존재(3-4, 9절): 성령, 하나님, 주의 영

b) 거짓말한 이유(Tip): 자신의 선행을 과시하기 위해

베드로는 아나니아에게 변명할 기회를 주지 않았다. 또 다른 거짓을 낳을 것이기 때문이다. 그는 곧바로 아나니아가 땅을 판 돈의 일부를 감춘 일은 사탄이 그의 마음에 가득해 성령을 속인 것이라고 했다. 이는 사람에게 거짓말한 것이 아니라 하나님께 한 것이고, 주의 영을 시험하는 것임을 거듭 강조하는 것이다. 아나니아의 마음이 거룩하신 성령으로 가득해야 하는데 사탄으로 가득해 숨기고 속이는 일에만 집중하고 있다. 사탄이 마음을 가득 채웠다는 것이 아나니아에게 변명이 될 수는 없다. 우

리는 모두 각자의 행동에 책임을 져야 한다. 사탄이 우리를 유혹하는 것은 사실이지만, 사탄이 우리를 대신해서 죄를 짓지는 않기 때문이다. 행동도 우리가 하고 죄도 우리가 짓는다. 아나니아와 삽비라는 하나님을 사랑한다고 하면서도 온전히 성화되지 못한 까닭에 죄의 굴레를 확실히 벗어나지 못한 사람들이었다. 누가는 이 부부의 이야기를 통해 예루살렘 교회의 모든 사람이 죄에서 자유로운 것은 아니었다는 사실을 밝힌다.

아나니아와 삽비라는 땅을 팔기 전이나 후에나 무엇이든 마음대로 할 수 있었다. 그들이 땅을 팔아 마련한 돈을 사도들에게 가져온 것은 스스로 한 일이다. 그렇다면 그 돈이 땅을 팔아 마련한 일부라고 솔직하게 말하면 된다. 그러나 그들은 사람들 앞에서 선행을 과시하기 위해 마치 전부를 가져온 것처럼 거짓말했다. 사도와 성도들만 속이는 것으로 생각했지만, 실상은 하나님을 속이는 일이었다. 하나님도 예루살렘 회중에 계셨고, 그 거짓말을 들으셨기 때문이다.

4 아나니아와 삽비라 부부는 결국 어떻게 되었는가? 하나님이 이처럼 혹독하게 심판하신 이유는 무엇인가?(5:5, 10 Tip)

a) 부부의 결말(5, 10절): 모두 엎드러져 혼이 떠남

b) 혹독한 심판의 이유(Tip): 공동체의 순수성을 유지하기 위해

베드로의 책망을 들은 아나니아와 삽비라는 모두 엎드러져 혼이 떠났다. '혼이 떠나다'는 악인이 죽임당하는 것을 묘사한다. 아나니아 부부가 하나님께 거짓말을 했다는 이유로 즉결 심판을 받아 죽은 일이 참으로 혹독해 보일 수 있다. 또한 아나니아가 받은 심판이 불공평해 보일 수도 있다.

하나님은 왜 아나니아 부부를 이처럼 혹독하게 대하셨을까? 무엇보다 공동체의 순수성을 유지하기 위해서다. 이 일은 하나님이 이 세상에 세우신 첫 교회인 예루살렘 공동체가 시작된 지 얼마 되지 않아 일어났다. 만일 교회가 시작되자마자 성도들이 하나님을 속이고 악행을 일삼는다면 하나님의 백성 공동체로 모일 이유가 없다. 그들이 예배하고 섬기는 하나님은 참으로 거룩하고 의로우신 분이며, 교회는 하나님의 거룩함과 의로움을 닮아 가려고 노력하는 사람들의 모임이기 때문이다.

아나니아 부부에게 임한 혹독한 심판에 대해 한 가지 더 고려해야 할 사항은 성령의 임재다. 성령의 임재가 강할수록 많은 이적과 회심이 일어나는 것이 사실이다. 또한 성령의 임재가 강력할수록 죄에 대한 심판도 강력해지며, 곧바로 일어난다. 성령은 하나님이시고, 하나님은 죄를 태우는 불이시다(히 12:28-29). 그러므로 죄를 태우는 강력한 불이 죄와 함께 있을 수는 없다. 아나니아 부부 이야기는 세상에 있는 모든 믿음 공동체에 주시는 강력한 경고다. 하나님은 그들의 모든 것을 아실 뿐 아니라 그들의 죄에 대해 즉시 심판하실 수 있다. 그러므로 경건하고 거룩하게 살지 못하는 사람이라면 누구든지 심판을 당할 수 있는 일이다.

5 사도들의 표적과 기사를 본 믿는 자와 믿지 않는 자들의 반응은 어떻게 달랐는가? 이 일이 교회에 가져온 결과는 무엇인가?(5:12-14)
a) 믿는 자들의 반응(12절): 마음을 같이하여 솔로몬 행각에 모임
b) 믿지 않는 자들의 반응(13절): 상종하지 않았으나 교회와 성도들을 칭송함
c) 교회에 가져온 결과(14절): 믿고 주께 나아오는 자가 더 많아짐

아나니아 부부의 일은 모든 사람에게 두려움을 주었지만, 그 일로 교회의 성장이 멈추지는 않았다. 사도들은 아나니아 부부 일로 인해 좌절하지 않고 전도 사역을 이어 갔으며, 하나님도 그들과 함께하며 사역을 도우셨다. 하나님의 기적이 '사도들의 손을 통해' 일어났다는 것은 그들이 병자에게 손을 얹어 안수할 때 하나님이 그들을 치료하셨다는 의미다.
믿는 자들은 모두 마음을 같이하여 솔로몬 행각에 모였다. 아나니아 부부 사건이 어떤 사람들에게는 자극제가 되어 열심히 모이게 했지만, 나머지 사람들에게는 감히 상종하지 않으려는 계기가 되었다. '나머지 사람들'은 누구인가? 대부분 학자는 유대인들처럼 아직 기독교 신앙을 가지지 않은 사람들로 본다. 아나니아 사건 이후에도 계속된 하나님의 기적이 그들을 기독교 신앙으로 이끈 것이 아니라, 오히려 두려워하며 멀리하게 했다. 그들은 그리스도인이 되지는 않았지만 교회와 성도들을 칭송했다. 기독교 신앙은 모든 사람을 위한 것은 아니다. 누릴 축복이 많지만, 큰 책임과 헌신도 요구하기 때문이다.

기독교를 멀리하는 사람도 있었지만, 예수님을 믿고 주님께 나아오는 사람이 훨씬 더 많았다. 외부의 핍박과 내부의 정결을 통해 오히려 교회가 갈수록 성장한 것이다. 교인들과 상종하지 않으려는 사람들도 있었지만, 그들이 교회의 성장을 막을 수는 없었다. 교회의 성장은 성령이 하시는 일이기 때문이다.

 ## 삶의 내비게이션(적용)

1 아나니아와 삽비라의 거짓말은 공동체의 순수성을 깨뜨리는 위험을 초래했다. 당신이 하나님의 명령에 양심을 온전히 지키지 못하고 타협한 것은 무엇인가?

관찰문제 4번 참고. 아나니아 부부가 하나님께 거짓말했다는 이유로 즉결 심판을 받아 죽은 일이 참으로 혹독해 보일 수 있다. 오늘날에는 법 집행자들을 속일 수만 있다면 살인하고도 심판을 받지 않기 때문이다. 또한 아나니아가 받은 심판이 불공평해 보일 수도 있다. 오늘날 성도 중에는 하나님께 더 큰 거짓말을 하고도 즉결 심판으로 죽지 않기 때문이다. 하나님이 아나니아 부부를 이처럼 혹독하게 심판하신 것은 공동체의 순수성을 유지하기 위해서다. 예루살렘 교회는 예수님의 재림 때까지 이 땅에 존재할 교회의 첫 모습이다. 하나님은 교회가 어떠한 거짓도 용납하지 않는 순결과 거룩을 추구하길 원하신다. 아나니아와 삽비라 이야기를 통해 우리는 신앙을 계속 성장시키는 일을 한순간이라도 멈추면 안 된다는 사실을 깨달아야 한다. 죽는 순간까지 두려움과 떨림으로 구원을 이루어 나가야 한다.

교회는 하나님이 임재하시는 공동체다. 하나님이 함께하신다는 것은 큰 은혜지만 또한 두려움과 떨림으로 신앙생활을 해야 한다는 의미이기도 하다. 우리가 죄를 지으면 하나님의 심판을 초래할 수 있다. 또한 온 공동체에 영향을 미칠 수도 있다. 그러므로 교회의 일원으로서 경건함과 거룩함으로 온 공동체에 긍정적인 영향을 미쳐야 한다.

오늘날에도 하나님의 명령 앞에서 양심을 온전히 지키지 못하고 타협하는 일은 우리 모두의 신앙 여정 속에서 실제로 일어날 수 있는 일이다. 교회에서는 경건한 모습이지만 직장이나 일상에서는 세상의 가치(성공, 경쟁, 이기심 등)에 따라 부당한 방법으로 이익을 챙기거나 거짓 보고를 서슴지 않는 행동, 헌금을 드리기로 작정했지만 급한 지출이 생기자 '하나님도 이해하실 거야'라며 자기 소욕에 따라 사용하는 모습, 음란물 시청이나 분노나 거짓말 등 반복적인 죄를 어쩔 수 없다며 합리화하는 태도, 가까운 친구가 인생의 문제로 고통받고 있는데도 복음 전하는 것이 부담스러워 아무 말도 하지 않고 피하는 태도 등은 신앙의 순수성과 진실성을 무너뜨리는 위험한 타협이다. "두렵고 떨림으로 너희 구원을 이루라"(빌 2:12)라는 말씀처럼 신앙은 한순간의 고백이 아닌 끝까지 지켜야 할 경주다. 각자 하나님 앞에서 양심을 온전히 지키지 못하고 타협한 것은 무엇인지 이야기해 본다.

2 바나바는 가난한 자들을 돕고자 자신의 소유를 팔았지만, 아나니아 부부는 자신을 과시하기 위해 소유를 팔아 사도들에게 드렸다. 당신이 소유한 재산이나 재물을 사용하는 일에 긍정적인 모습과 부정적인 모습은 무엇인가?

관찰문제 1, 2번 참고. 믿음 생활은 하나님 앞에서 하는 것이다. 오늘날에도 아나니아 부부처럼 보이지 않는 하나님을 속이면서 눈에 보이는 사람들에게 칭찬과 존경을 받고자 신앙생활을 하는 이들이 교회 안에 있다는 사실이 참으로 안타깝다. 이 외에도 여러 가지 이유로 교회는 완벽하지 않다. 또한 사탄은 우리의 연약한 부분을 계속 공격한다. 그러므로 공동체에 속한 우리는 서로를 믿음으로 격려하고 굳건하게 해야 한다. 공동체는 가장 연약한 지체만큼 건강하고 강하기 때문이다.

거의 모든 신앙인에게 재물과 재정은 뜨거운 감자다. 믿음을 삶에서 실천할 때 기본적으로 당면하는 이슈 중 하나가 자신이 소유한 모든 것이 자기 것이 아니라 하나님이 잠시 맡겨 두신 것이라고 고백하는 사람은 그 재물을 어떻게 사용할 것인가이기 때문이다. 그래서 예수님은 "재물이 있는 자는 하나님의 나라에 들어가기가 얼마나 어려운지 낙타가 바늘귀로 들어가는 것이 부자가 하나님의 나라에 들어가는 것보다 쉬우니라"(눅 18:24-25)라고 말씀하셨다. 교회는 끊임

없이 재물의 위험에 대해 더 많이 더 자주 가르쳐야 한다. 인간은 쉽게 재물의 노예가 될 수 있으며, 우리는 하나님과 재물을 함께 섬길 수 없기 때문이다.

신앙인들이 자신이 소유한 재물을 긍정적으로 사용하는 예를 들면, 매달 수입의 일정 부분을 선교지나 어려운 어린이 교육을 위해 사용하기, 자신의 사업 수익으로 미전도 종족 선교 프로젝트를 전적으로 지원하면서 하나님 나라를 위해 투자하기, 더 많은 금액을 기부하기 위해 검소하고 절제된 삶을 실천하기, 세금을 성실히 납부하고 투명하고 정직하게 재정을 관리하기 등이 있다. 이와 대조적으로 더 큰 집이나 더 좋은 차 등을 소유하기 위해 주일에도 예배를 미루고 일을 선택하는 집착과 탐심, 어려운 상황에서 기도보다 재정적 보장만을 추구하거나 돈이 될 만한 쪽으로 결정하는 모습, 하나님의 인도하심보다 수익성을 우선시하는 모습, 고급 명품과 사치품 소비를 통해 '축복받은 삶'을 자랑하거나 쾌락을 위해 낭비하는 모습, 교회에 큰 금액을 헌금한 뒤 그 대가로 리더십이나 보상을 기대하며 헌금과 봉사를 수단화하는 등 부정적인 모습들도 있다.

재물은 본질적으로 중립적인 것이지만 그것을 어떻게 사용하느냐가 그 사람의 믿음과 가치관을 드러낸다. 재물에 대한 바른 이해와 사용은 하나님 나라 백성의 삶을 더 빛나게 하며, 잘못된 재물 사용은 신앙을 병들게 할 수 있음을 명심해야 한다. 각자 소유한 재산이나 재물을 사용하는 데 있어 긍정적인 모습과 부정적인 모습은 무엇인지 이야기해 본다.

3 사도들의 표적과 기사를 본 사람 중에는 믿지 않는 자들이 있으나 그들은 교회와 성도들을 칭송했다. 당신이 믿지 않는 지인들에게 듣고 싶은 말은 무엇이며, 이를 위해 어떤 삶을 실천하길 원하는가?

관찰문제 5번 참고. 교회는 전도와 선교를 목적으로 윤리적·도덕적 기준을 낮추어서는 안 된다. 예루살렘 교회가 전도와 선교를 하면서 가장 큰 능력을 발휘했을 때는 아나니아 부부 사건을 통해 거짓말을 용납하지 않는 높은 윤리적·도덕적 기준을 확립한 때였다. 거룩하신 하나님은 사람의 죄와 위선이 있는 곳에는 함께하지 않으시기 때문이다.

기독교는 모든 사람을 위한 것은 아니다. 사도들을 통해 온갖 기적을 경험하고 목격한 사람 중에도 성도들을 상종하지 않으려 하는 자들이 있었다. 그들 자신은 경건하고 헌신적인 그리스도인의 삶을 살 수 없다고 생각했기 때문이다. 그럼에도 불구하고 그들은 성도들을 존귀하게 여겼다. 우리는 믿지 않는 사람들에게도 존경받는 삶을 살아야 한다.

믿지 않는 이들로부터 존경과 신뢰를 얻는 삶은 기독교인에게 매우 중요한 삶의 모습 중 하나다. 많은 기독교인이 "그 사람은 말과 행동이 일치해", "저 사람은 진심으로 남을 위하더라", "나도 저런 평안을 갖고 싶어", "나중에 힘들면 그 사람이랑 상담하고 싶어", "그 사람 때문에 기독교가 좋더라", "그 사람을 보면 하나님이 계신 것 같아"와 같은 말을 듣고 싶어 한다. 약속을 잘 지키고 작은 일 하나도 정직하게 행하며 책임을 다하는 모습, 힘들고 어려운 사람을 찾아가 돕고 말보다 행동으로 사랑을 실천하는 모습, 인간관계에서 신앙적 성숙함이 드러나고 교회 안과 밖이 다르지 않은 모습, 고난 중에도 낙심하지 않고 위기를 기회로 바꾸시는 하나님을 신뢰하며 살아가는 모습, 적절한 타이밍에 조용히 예수님의 이야기를 나누며 기도로 그 영혼을 품고 기다리는 모습 등은 믿지 않는 사람들로부터 존경과 신뢰를 얻게 할 뿐 아니라, 일상에서 복음 전도의 문을 여는 좋은 예가 된다. 각자의 삶에서 가까이 지내는 사람들에게 기독교인으로서 듣고 싶은 말은 무엇인지, 그것을 위해 어떤 삶을 실천하길 원하는지 이야기해 본다.

VII. 마무리

기도로 마무리한다.
제6주 관찰문제를 예습해 오게 한다.
실천과제를 제시한다.

 생활의 아로마(실천)

예 1) 하나님이 나에게 주신 복을 어떻게 사용하고 있는지 점검하고, 부정적인 모습을 긍정적으로 바꾸어 실천해 본다.

제6주 말씀 사역, 봉사 사역

학습목표

교회는 모든 성도가 은사에 따라 함께 섬기고 사역할 때 계속 성장함을 알고, 내게 맡겨진 일을 하나님이 주시는 은혜와 권능으로 힘써 감당한다.

KEYWORD <u>성령, 사역, 봉사</u>

I. 찬양과 기도

II. 지난주 실천과제 나눔

III. 복습문제 풀이

복습

1 사도들이 구브로에서 온 요셉에게 지어준 이름(별명)과 의미는 무엇인가? 그가 행한 믿음의 삶과 목적은 무엇인가?(4:36-37, Tip)

   a) 이름(별명)과 의미(36절): 바나바, 위로의 아들

   b) 믿음의 삶(37절): 밭을 팔아 그 값을 사도들의 발 앞에 둠

   c) 목적(Tip): 가난한 사람들을 돕고자 함

6:1 그 때에 제자가 더 많아졌는데 헬라파 유대인들이 자기의 과부들이 매일의 구제에 빠지므로 히브리파 사람을 원망하니 2 열두 사도가 모든 제자를 불러 이르되 우리가 하나님의 말씀을 제쳐 놓고 접대를 일삼는 것이 마땅하지 아니하니 3 형제들아 너희 가운데서 성령과 지혜가 충만하여 칭찬 받는 사람 일곱을 택하라 우리가 이 일을 그들에게 맡기고 4 우리는 오로지 기도하는 일과 말씀 사역에 힘쓰리라 하니 5 온 무리가 이 말을 기뻐하여 믿음과 성령이 충만한 사람 스데반과 또 빌립과 브로고로와 니가노르와 디몬과 바메나와 유대교에 입교했던 안디옥 사람 니골라를 택하여 6 사도들 앞에 세우니 사도들이 기도하고 그들에게 안수하니라 7 하나님의 말씀이 점점 왕성하여 예루살렘에 있는 제자의 수가 더 심히 많아지고 허다한 제사장의 무리도 이 도에 복종하니라 8 스데반이 은혜와 권능이 충만하여 큰 기사와 표적을 민간에 행하니 9 이른바 자유민들 즉 구레네인, 알렉산드리아인, 길리기아와 아시아에서 온 사람들의 회당에서 어떤 자들이 일어나 스데반과 더불어 논쟁할새 10 스데반이 지혜와 성령으로 말함을 그들이 능히 당하지 못하여 11 사람들을 매수하여 말하게 하되 이 사람이 모세와 하나님을 모독하는 말을 하는 것을 우리가 들었노라 하게 하고 12 백성과 장로와 서기관들을 충동시켜 와서 잡아가지고 공회에 이르러 13 거짓 증인들을 세우니 이르되 이 사람이 이 거룩한 곳과 율법을 거슬러 말하기를 마지 아니하는도다 14 그의 말에 이 나사렛 예수가 이 곳을 헐고 또 모세가 우리에게 전하여 준 규례를 고치겠다 함을 우리가 들었노라 하거늘 15 공회 중에 앉은 사람들이 다 스데반을 주목하여 보니 그 얼굴이 천사의 얼굴과 같더라

🔍 말씀 돋보기(관찰)

1 예루살렘 교회에 제자가 더 많아지면서 발생된 문제와 원인은 무엇인가?(6:1)

   a) 당면한 문제: 헬라파 유대인들이 히브리파 사람들을 원망함

날이 갈수록 예루살렘 교회에 제자가 더 많아졌다. 누가는 성도를 제자라고 부른다. 제자의 수가 많아지면서 헬라파 유대인과 히브리파 유대인 사이에 차별 문제가 불거졌다. 교회가 과부들에게 매일 구호물을 나눠 주면서 히브리파 과부들에게만 주고 헬라파 과부들에게는 주지 않은 것이다. 과부는 고아와 함께 가장 연약한 사회적·경제적 계층을 상징한다. 성경은 이 약자들을 얼마나 잘 돌보는지를 믿음 공동체의 건강을 가늠하는 기준으로 사용한다. 유대교에서 기독교로 전향한 과부들의 경우 그동안 유대교에서 받았던 구제가 끊기면 당장 어려움에 처할 수밖에 없다. 더욱이 세상 곳곳에서 살다가 예루살렘을 찾아온 헬라파 사람들의 경우에는 그들을 도와줄 친척마저 없으니 더욱더 큰 문제가 된다.

헬라파 과부들이 매일 받는 구제에서 빠지면서 헬라파 사람들이 히브리파 사람들을 원망하게 되었다. 이 원망은 교회가 의도적으로 헬라파 사람들을 차별해서가 아니라, 그들을 도울 행정적 제도가 없음으로 인해 빚어진 것이다. 교회가 급성장하면서 유입된 헬라파 과부들을 도울 제도적 장치가 아직 마련되지 못한 까닭이다. 헬라파 성도들이 거론하고자 하는 이슈는 공평이다.

2 구제로 인해 불거진 문제를 해결하기 위해 사도들은 어떤 조치를 했는가? 구제를 위해 세워진 일곱 사람은 누구며, 그들이 갖추어야 할 조건은 무엇인가?(6:3–5, Tip)

a) 사도들의 조치(3–4절): 일곱 사람을 택해 구제를 맡기고, 사도들은 기도하는 일과 말씀 사역에 힘쓰기로 함

b) 선출된 일곱 사람(5절): 스데반, 빌립, 브로고로, 니가노르, 디몬, 바메나, 니골라

c) 갖추어야 할 조건(3절): 성령과 지혜가 충만하고 칭찬받는 사람

문제를 인식한 사도들은 곧바로 조치를 취했다. 문제를 해결할 일곱 사람을 택해 구제 사역을 맡기고, 사도들은 기도하는 일과 말씀 사역에 힘

쓰기로 한다. 이는 사도들이 과부 구제하는 일을 중요하지 않게 생각했기 때문이 아니라, 각자 하나님께 받은 소명과 은사의 효율성과 우선권에 관한 일로 보았기 때문이다. 또한 자신들이 교회의 모든 사역을 독식하기보다는 더 많은 성도가 함께 섬기며 사역하기를 원했다.

구제를 위해 스데반, 빌립, 브로고로, 니가노르, 디몬, 바메나, 니골라가 선출되었다. 이 일곱 사람은 모두 헬라어 이름을 가졌다. 헬라파에서 선출된 일꾼이기 때문이다. 헬라파 사람들이 문제를 의식하고 이슈화했던 만큼 그들이 이 일을 가장 잘 해결할 수 있을 것이다. 제일 먼저 언급된 스데반은 믿음과 성령으로 충만했다(7장). 다음으로 언급되는 빌립 또한 사도행전 8장에서 중요한 역할을 한다. 나머지 사람들에 관해서는 별로 알려진 바가 없다. 사도들은 무리가 추천한 일곱 사람을 위해 기도하고 그들에게 안수해 헬라파 과부들을 구제하게 했다. 교회가 맨 처음 안수해 세운 이들이 섬기고 봉사하는 일을 위한 일꾼이라는 점이 인상적이다.

어떤 사람이 구제에 적합한가? 사도들은 세 가지 조건을 충족해야 한다고 말한다. 첫째, 성령으로 충만해야 한다. 교회가 성도를 섬기는 것은 영적인 일이다. 그러므로 섬기는 이는 항상 하나님과 교통하며 하나님의 지시를 따라야 한다. 그렇게 하려면 성령으로 충만해야 한다. 하나님이 성령을 통해 명령하시기 때문이다. 둘째, 지혜로 충만해야 한다. 제한된 재원으로 많은 사람을 도우려면 지혜가 필요하다. 도움이 많이 필요한 사람과 그렇지 않은 사람을 구분하는 데도 지혜가 필요하며, 도움받는 이들의 영혼이 다치지 않도록 돕는 일에도 지혜가 필요하다. 지혜롭게 봉사하고 섬겨야 한다. 셋째, 칭찬받는 사람이어야 한다. 성도들은 좋은 인품을 갖추어 공동체에서 존경과 칭찬을 받는 사람의 도움은 하나님의 자비로 여기며 기쁘게 받는다. 그렇지 않은 사람의 도움은 마지못해 베푸는 적선 정도로 생각한다. 그러므로 선하신 하나님이 베푸시는 은총은 칭찬받는 사람을 통해 전달될 때 가장 효과적이다.

3 예루살렘 교회가 계속 성장하고 있음을 강조하는 세 가지 동사와 교회 성장의 원동력은 무엇인가?(6:7)
　a) 세 가지 동사: '왕성하다', '많아지다', '복종하다'

b) 교회 성장의 원동력: 하나님의 말씀

 본문은 세 개의 미완료형 동사 '왕성하다', '많아지다', '복종하다'를 사용
해 교회가 지속적으로 또한 매우 역동적으로 활동하고 있음을 강조한다.
누가는 교회가 계속 성장하고 있다는 말을 마치 찬송가의 후렴처럼 반복
한다. 헬라파 과부들의 구제 문제가 있었지만 날이 갈수록 제자의 수가
늘었다. 더 괄목할 만한 것은 허다한 제사장의 무리도 이 도에 복종했다
는 사실이다. '도'는 '믿음'이라는 의미를 지닌다. 제사장들이 복종했다는
사실이 미완료형 동사로 묘사되는 것은 그들의 믿음 생활이 오랫동안
지속되었다는 의미다. 당시 대부분의 제사장은 각자 생업에 종사하다가
1년에 두 주 동안만 성전에 가서 사역했다. 제사장들이 직업을 가져야 했
던 데는 두 가지 이유가 있다. 첫째, 제사장의 수에 비해 성도들이 성전
에 드리는 예물이 턱없이 부족했기 때문이다. 둘째, 추수 때가 되면 대제
사장들이 노예들을 전국 방방곡곡에 보내 십일조를 징수하게 했기 때문
이다. 그러다 보니 가난한 제사장들은 굶어 죽기까지 했다. 이런 상황에
서 형편이 어려운 제사장들이 가난한 과부들을 정성껏 보살피는 초대교
회를 보고 예수님을 믿게 된 것은 놀랄 만한 일이 아니다.

교회는 하나님의 말씀이 왕성해질 때 성장한다. 교회가 말씀에 복종할
때 영성이 건강해지고, 영성이 건강할수록 교회가 성장한다.

4 스데반이 큰 기사와 표적을 행할 수 있었던 힘은 어디에서 비롯되었
는가? 이 일로 스데반에게 논쟁을 건 자들은 누구인가?(6:8-9)
a) 힘의 출처(8절): (하나님이 주신) 은혜와 권능
b) 논쟁을 건 자들(9절): 자유민들(구레네인), 알렉산드리아인, 길리기아와 아시
　아에서 온 사람들

 스데반은 은혜와 권능이 충만해 큰 기사와 표적을 행했다. '은혜'는 하나
님이 그에게 위임하신 권한, 곧 엠파워먼트(empowerment)다. 그는 믿음
과 성령과 은혜와 권능이 충만한 그리스도인이었다. 제자 중 가장 선지
자 같은 이였고, 그동안 주로 사도들을 통해 역사하시던 하나님이 이번

에는 헬라파 성도인 스데반을 통해 사역하셨다. 그가 하나님을 더 깊이 알고 더 많이 교제했기 때문에 이런 일이 가능했다.

스데반이 하나님이 주신 은혜와 권능으로 기사와 표적을 행하자 그를 탐탁하지 않게 여긴 자들이 논쟁을 걸어왔다. 문제를 제기한 자유민들은 북아프리카에서 온 구레네인들, 알렉산드리아인들, 소아시아의 길리기아와 그 외 아시아 지역에서 이주해 온 사람들이었다. 이 자유민들은 한때 노예로 살던 사람과 감옥에 투옥되었던 사람 중 자유인의 신분을 얻게 된 사람들의 후손이다. 아마도 유대인 중 전쟁 포로가 되어 로마로 끌려갔던 사람들이 이 부류의 시작이 되었을 것이다. 이 자유민들은 친 유대교 사상을 지녔으며, 성전과 율법에 대해서는 열성파라 해도 과언이 아니다.

5 자유민들에게 매수된 사람들의 거짓말과 거짓 증인들의 증언은 어떠했는가? 그럼에도 스데반은 어떤 모습이었는가?(11, 13-14, 15절)
   a) 거짓말(11절): 스데반이 모세와 하나님을 모독하는 말을 하는 것을 들었다고 거짓말
   b) 거짓 증인들의 증언(13-14절): 스데반이 이 거룩한 곳(성전)과 율법을 거슬러 말했다고 증언
   c) 스데반의 모습(15절): 천사의 얼굴

자유민들은 사람들을 매수해 스데반이 모세와 하나님을 모독하는 말을 했다고 거짓말하게 했다. 그들은 매수한 사람들의 거짓말을 근거로 백성과 장로와 서기관들을 충동해 스데반을 잡아들여 공회에서 심문하게 했다. 또한 스데반을 공회 앞에 세우고, 매수한 거짓 증인들에게 스데반이 한 말에 대해 증언하게 했다. 누가는 거짓이라는 말로 이 증인들이 하는 말이 모두 거짓이거나 스데반이 한 말을 왜곡하고 있음을 암시한다. 구약은 위증을 매우 심각한 범죄로 규정한다(출 20:16; 신 19:16-18). 이들은 유대교를 보호한답시고 유대교 경전인 모세 율법이 금하는 위증을 하고 있다.

돈에 매수된 거짓 증인들은 스데반이 거룩한 곳, 곧 성전과 율법에 대해

거슬러 말했다고 증언한다. 스데반은 성전 무용론을 주장한 것이 아니라, 성전을 부적화하는 유대교 풍토에 문제를 제기했다. 또 율법을 무효화한 것도 아니다. 그동안 사도들은 예루살렘 성전을 찾아가 예배를 드림으로써 율법을 준수했다.

거짓 증인들은 스데반이 나사렛 예수가 성전과 율법에 대해 심각한 문제가 될 만한 말을 한 것을 들었다고 증언했다. 예수님이 성전을 헐겠다고 하신 것은 종말에 성전이 무너질 것을 예언하신 말씀이다. 또한 성전이 스스로 무너지지 않고 누군가가 헌다는 것은 예수님이 성전 된 자기 육체를 가리켜서 하신 말씀이다. 예수님은 그 어디에서도 자신이 성전을 직접 헐겠다고 하신 적이 없다. 또한 예수님은 율법을 완전하게 하기 위해 왔다고 하셨지, 율법을 고치거나 폐하기 위해 왔다고 하신 적도 없다. 거짓 증인들의 증언에도 불구하고 스데반의 얼굴은 천사의 얼굴과 같았다. 하나님을 뵌 사람만이 가질 수 있는 모습이다. 스데반에게는 어떠한 잘못도 없다. 스데반이 재판받는 것은 순전히 돈에 매수되어 거짓말하는 증인들로 인해 빚어진 일이다.

VI. 적용과 나눔

 삶의 내비게이션(적용)

1 거짓 증인들은 돈에 매수되어 거짓말로 스데반을 몰아세웠지만, 은혜와 권능으로 충만한 스데반의 얼굴은 천사와 같았다. 당신이 억울한 말이나 모함을 받고 힘들었을 때, 하나님이 위로와 힘이 되어 주셨던 일은 무엇인가?

관찰문제 4, 5번 참고. 은혜와 성령으로 충만한 스데반은 사도들에게 들은 복음과 진리를 당당하게 선포했다. 누구도 그가 잘못되었다고 할 수 없었다. 그러므로 반대자들이 동원할 수 있는 유일한 수단은 사람들을 매수해 사실을 왜곡하고 거짓 증언을 하게 하는 것이었다. 거짓 증인들의 증언에도 불구하고 스데반의 얼굴이 천사의 얼굴처럼 평안했던 것은 하나님이 주시는 은혜와 권능 때문이다.

성경에는 억울한 말이나 모함을 받았지만 하나님의 은혜와 성령의 능력으로 위로와 힘을 얻는 믿음의 사람들의 이야기가 많이 등장한다. 형들의 미움과 질투로 애굽에 팔려갔지만 하나님이 주신 힘과 지혜로 형통했던 요셉의 이야기, 다른 고위 관리들의 질투로 인해 거짓으로 고발당해 사자 굴에 던져졌지만 하나님이 함께하셔서 사자들의 입에서 목숨을 구한 다니엘의 이야기, 여러 번 죽을 고난을 겪고 거짓 증인들에게 고발당해 재판을 받는 상황에서도 하나님의 부르심을 믿고 복음을 전했던 바울의 이야기, 십자가에서 고난받으시면서도 하나님이 주신 사랑과 능력으로 그 길을 걸어가신 예수님의 이야기는 고난과 어려움 속에서도 하나님의 능력과 위로를 경험한 좋은 예가 된다.

우리 삶에도 이 같은 은혜로운 경험이 많다. 직장에서 오해와 거짓말로 고발당했을 때 하나님이 주신 지혜로 진실이 밝혀지고 직장 내 신뢰도가 더 깊어진 경험, 가정 내에서 오해와 갈등이 깊어졌을 때 그리스도의 사랑을 기억하고 용서와 화해를 실천한 경험, 교회에서 맡은 역할을 충실히 수행한 것뿐인데 행동을 왜곡되게 바라볼 때 기도와 말씀으로 이겨내고자 노력하다가 하나님으로부터 위로와 담대함을 얻어 믿음이 더 충만해진 경험, 학교나 사회에서 노력을 제대로 인정받지 못하고 불공정하게 평가받을 때 "내가 너를 기억한다"라는 하나님의 음성을 듣고 겸손하게 자신의 길을 계속 걸어간 경험, 어려울 때 찾아와 함께 식사하고 기도해 주는 사람을 통해 위로받은 경험 등은 믿는 자들이 누리는 하나님의 은혜다. 고난 중에도 하나님은 우리와 함께하시며, 그분의 능력을 경험하고 더 깊은 믿음과 성숙함을 얻는 기회를 주신다. 각자의 삶에서 억울한 말이나 모함을 받고 힘들었을 때, 하나님이 주신 힘과 지혜로 위로와 은혜를 받았던 경험을 이야기해 본다.

2 예루살렘 교회는 구제하는 일을 위해 성령과 지혜가 충만해 칭찬받는 일곱 일꾼을 택했다. 당신이 교회 안에서 봉사와 섬김을 감당하는 일에 부족하다고 생각하는 부분은 무엇인가?

관찰문제 2번 참고. 예루살렘 교회는 말씀과 성령의 지혜와 사랑이 충만한 공동체였다. 하지만 아무리 성령이 충만하고 하나님의 축복 안에서 성장하는 교회라 할지라도 문제가 없을 수 없다. 성장은 후유증을 동반하기 때문이다. 문제가 생기면 기도하며 머리를 맞대고 해결해 가면 된다. 중요한 것은 신속하게 효율적인 대안을 강구해 피해와 상처를 최소화하는 일이다. 어떤 상황에서든 적임자를 세우면 이런 일이 가능하다. 예루살렘 교회는 공동체 안에 발생한 문제를 해결하기 위해 이 일에 적임자인 일곱 일꾼을 세워 섬기게 했다. 교회 안에 선출된 일곱 일꾼은 성령과 지혜가 충만하고, 사람들에게 칭찬받는 자들이었다. 이는 교회 안에서 봉사하는 사람들이 주목해야 할 말씀이다.

오늘날 교회에서 봉사하고 섬길 때도 마찬가지로 성령의 인도와 지혜를 따라야 한다. 하지만 때때로 인간적인 판단과 감정에 따라 섬기거나 자주 생각 없이 행동할 때가 많다. 예를 들어 어떤 사람이 무례하거나 불편한 말을 했을 때 감정적으로 반응해 섬김의 마음을 놓치는 경우가 있고, 교회 행사에 참여하면서 '내가 얼마나 중요한 일을 하는지'를 보여 주기 위해 섬김을 선택하는 경우도 있다. 또 다른 사람을 돕기 위해 다가가지만 그 사람의 상태나 필요를 고려하지 않고 무리하게 섬김으로써 오히려 부담을 주는 경우가 있고, 교회의 모든 일을 자신이 다 해야 한다는 압박감을 느끼고 감당할 수 있는 한계를 넘어서는 경우도 있다. 이처럼 성령을 의지하지 않고 인간적인 방법과 판단으로 하는 섬김은 교회 안에 갈등을 유발하거나 섬김의 본질을 흐리게 만들 수 있다. 각자 교회 안에서 봉사와 섬김을 잘 감당하는 일에 부족하다고 생각하는 부분은 무엇인지 이야기해 본다.

3 일곱 일꾼을 세워 구제와 봉사를 맡기고, 사도들은 기도와 말씀 사역에 전념하자 예루살렘 교회는 계속 성장해 갔다. 당신이 하나님이 주신 은사를 가지고 새롭게 나아가야 할 사역의 자리는 어디인가?

관찰문제 2, 3번 참고. 예루살렘 교회가 크게 성장함에 따라 교회에 대한 핍박도 덩달아 거세졌다. 예루살렘 공동체에 엄청난 피해를 입힌 핍박은 의도치 않게 한 가지 좋은 일을 했다. 그동안 예루살렘에 모여 있던 그리스도인들이 핍박을 피해 유대와 사마리아 곳곳으로 흩어지면서 복음을 들고 간 것이다. 핍박은 예루살렘 교회로 하여금 복음을 들고 세상 끝을 향해 나아가게 했다.

이처럼 복음, 곧 하나님의 말씀이 왕성해질 때 교회가 성장한다. 그렇다면 언제 하나님의 말씀이 왕성해지는가? 교회가 복음에 복종할 때다. 교회가 말씀에 복종할 때 영성이 건강해지고, 영성이 건강할수록 교회가 성장한다. 물론 물리적인 성장이 항상 교회의 영성이 건강하다는 증거가 되지는 않는다. 건강하지 못한 무리도 사탄의 도움을 받아 성장할 수 있기 때문이다.

우리의 은사를 통해 교회와 사회에 긍정적인 영향을 미칠 수 있는 자리가 있다. 예를 들면, 교회 안에서 소그룹 리더나 멘토로서 하나님이 주신 지혜와 인내로 다른 성도들의 신앙 성장을 돕는 사역, 하나님께 받은 재물이나 은사를 통해 어려운 이웃이나 도움이 필요한 사람들에게 실질적인 도움을 주는 사역, 가르치는 은사를 가진 사람들이 어린이나 청소년들의 신앙 기초를 다지는 교육과 훈련에 참여하는 사역, 음악·미술·문학 등 예술적 은사로 창의적인 방법으로 복음을 전하거나 사람의 마음을 하나님께로 인도하는 사역, 전도의 열정과 언어 능력 및 문화적 이해로 지역 사회나 해외 선교지에서 복음을 전하는 사역 등 다양한 자리에서 섬길 수 있다. 이처럼 하나님이 주신 은사를 통해 섬길 사역의 자리는 매우 다양하다. 중요한 것은 그 자리가 무엇이든지 하나님이 주신 은사를 충실히 사용해 복음이 왕성해지고 교회가 성장하도록 기도하며 헌신하는 것이다. 하나님이 내게 주신 은사는 무엇인지, 그 은사를 가지고 새롭게 나아갈 사역의 자리는 무엇인지 이야기해 본다.

VII. 마무리

기도로 마무리한다.
제7주 관찰문제를 예습해 오게 한다.
실천과제를 제시한다.

 **생활의 아로마**(실천)

예 1) 나의 인간적인 생각과 감정과 방법으로 하나님의 일을 하고 있지는 않은지 돌아보고, 성령의 인도하심과 지혜로 봉사와 섬김을 실천한다.
  2) 하나님이 내게 주신 은사를 가지고 나아가야 할 사역의 자리를 찾아보고 도전한다.

제7주 한 영혼을 예비하신 성령

학습목표

성령께서 예비해 두신 한 영혼을 구원하기 위해 우리를 보내실 때, 그 음성에 순종해 전도의 현장으로 나아간다.

KEYWORD 성령, 전도, 복음

I. 찬양과 기도

II. 지난주 실천과제 나눔

III. 복습문제 풀이

 **복습**

1 구제로 인해 불거진 문제를 해결하기 위해 사도들은 어떤 조치를 했는가? 구제를 위해 세워진 일곱 사람은 누구며, 그들이 갖추어야 할 조건은 무엇인가?(6:3-5, Tip)
   a) 사도들의 조치(3-4절): 일곱 사람을 택해 구제를 맡기고, 사도들은 기도하는 일과 말씀 사역에 힘쓰기로 함
   b) 선출된 일곱 사람(5절): 스데반, 빌립, 브로고로, 니가노르, 디몬, 바메나, 니골라
   c) 갖추어야 할 조건(3절): 성령과 지혜가 충만하고 칭찬받는 사람

[8:26] 주의 사자가 빌립에게 말하여 이르되 일어나서 남쪽으로 향하여 예루살렘에서 가사로 내려가는 길까지 가라 하니 그 길은 광야라 [27] 일어나 가서 보니 에디오피아 사람 곧 에디오피아 여왕 간다게의 모든 국고를 맡은 관리인 내시가 예배하러 예루살렘에 왔다가 [28] 돌아가는데 수레를 타고 선지자 이사야의 글을 읽더라 [29] 성령이 빌립더러 이르시되 이 수레로 가까이 나아가라 하시거늘 [30] 빌립이 달려가서 선지자 이사야의 글 읽는 것을 듣고 말하되 읽는 것을 깨닫느냐 [31] 대답하되 지도해 주는 사람이 없으니 어찌 깨달을 수 있느냐 하고 빌립을 청하여 수레에 올라 같이 앉으라 하니라 [32] 읽는 성경 구절은 이것이니 일렀으되

그가 도살자에게로 가는 양과 같이 끌려갔고

털 깎는 자 앞에 있는 어린 양이 조용함과 같이

그의 입을 열지 아니하였도다

[33] 그가 굴욕을 당했을 때

공정한 재판도 받지 못하였으니

누가 그의 세대를 말하리요

그의 생명이 땅에서 빼앗김이로다

하였거늘 [34] 그 내시가 빌립에게 말하되 청컨대 내가 묻노니 선지자가 이 말한 것이 누구를 가리킴이냐 자기를 가리킴이냐 타인을 가리킴이냐 [35] 빌립이 입을 열어 이 글에서 시작하여 예수를 가르쳐 복음을 전하니 [36] 길 가다가 물 있는 곳에 이르러 그 내시가 말하되 보라 물이 있으니 내가 세례를 받음에 무슨 거리낌이 있느냐 [37] (없음) [38] 이에 명하여 수레를 멈추고 빌립과 내시가 둘 다 물에 내려가 빌립이 세례를 베풀고 [39] 둘이 물에서 올라올새 주의 영이 빌립을 이끌어간지라 내시는 기쁘게 길을 가므로 그를 다시 보지 못하니라 [40] 빌립은 아소도에 나타나 여러 성을 지나 다니며 복음을 전하고 가이사랴에 이르니라

건너뛴 장 내용 요약

7장 스데반의 증언(1-53절): 하나님과 아브라함(1-8절), 하나님과 요셉(9-16절), 하나님과 모세(17-43절), 성막과 성전(44-50절), 이스라엘이 메시아 예수를 죽임(51-53절)

 말씀 돋보기(관찰)

1 주의 사자는 빌립에게 무엇을 지시했는가? 천사의 말에 따른 빌립은
누구를 만났는가?(8:26-27)
  a) 천사의 지시(26절): "예루살렘에서 가사로 내려가는 길까지 가라"
  b) 빌립이 만난 사람(27절): 에디오피아 여왕 간다게의 모든 국고를 맡은 관리
    인 내시

> **Tip** 주의 사자, 곧 천사가 빌립에게 유대의 남쪽 지역에 있는 예루살렘에서
> 가사로 내려가는 길까지 가라고 한다. 빌립이 어디에 머물고 있었는지는
> 정확히 알 수 없지만, 만일 그가 아직 사마리아 지역에 머물고 있다면 상
> 당히 먼 길을 이동해야 한다. 가사는 예루살렘보다 700m가량 낮은 지역
> 이며, 해안가로 나 있는 카라반 루트의 주요 거점이었다.
> 빌립이 천사의 말에 따라 유대 광야에 있는 길로 가니 에디오피아 여왕
> 간다게의 모든 국고를 맡은 관리인 내시가 있었다. 에디오피아는 구약
> 에서 '구스'라 불리고, 훗날 누비아로 불린 곳으로 오늘날 이집트 남쪽과
> 수단 북쪽에 있던 나라다. 에디오피아 사람들은 피부가 까맸다. 그러므
> 로 새로운 인종에게 복음이 선포되고 있다고 할 수 있다. 이 사람은 에디
> 오피아 여왕 간다게의 모든 국고를 맡은 관리인이었다. '간다게'는 당시
> 에디오피아를 다스리던 왕조의 이름이다. 이 왕조는 왕을 태양신의 아들
> 로 여겼으며, 백성을 직접 다스리기에는 너무나도 거룩한 존재로 여겼
> 다. 그래서 왕의 어머니가 왕위에 오른 아들을 대신해 통치했다. 빌립이
> 만난 사람은 오늘날로 말하면 에디오피아의 '재무장관'이었다. 그는 내시
> 였다. 일반적으로 내시는 거세 받은 환관을 뜻하지만, 때로는 거세 여부
> 와 상관없이 왕이 신뢰하는 관료를 뜻하기도 한다. 본문 속 내시는 환관
> 을 의미하며, 당시에는 환관들에게 왕의 재정을 담당하게 했다.

2 에디오피아 여왕의 내시가 예루살렘에 온 목적과 그가 읽고 있던 말

씀은 무엇인가?(8:27-28)

a) 예루살렘에 온 목적(27절): 예배하기 위해

b) 읽고 있던 말씀(28절): 선지자 이사야의 글

에디오피아 여왕의 내시는 예배하기 위해 예루살렘을 찾았다. 예루살렘에서 에디오피아까지는 수레로 5개월이나 걸렸다. 즉, 그는 길에서만 왕복 10개월을 보내고 있는 것이다. 그가 예루살렘을 방문한 목적이 성전에 가서 하나님을 예배하기 위해서였다는 점을 고려하면, 그는 참으로 하나님을 사모하는 사람이다. 하나님이 이런 사람을 어찌 구원하지 않으시겠는가! 율법은 환관들이 성전 예배에 참여하는 것을 금한다. 이사야 56:4-5은 하나님이 정하신 때가 되면 환관들에게 영원한 이름을 주어 끊어지지 않게 하실 것이라고 한다. 누가는 이곳에 환관 이야기를 기록하면서 바로 그때가 예수님을 통해 임했음을 암시한다. 하나님이 모든 차별을 무너뜨리셨으므로, 복음은 그 누구도 차별하면 안 된다.

그는 선지자 이사야의 글을 읽고 있었다. 이사야서가 기록된 두루마리를 보고 있었다는 뜻이다. 당시 성경 말씀을 기록한 두루마리는 폭이 20-30cm, 길이가 약 45m에 달했다. 양피에 한 땀 한 땀 새기다시피 글을 쓴 것으로 고가의 귀한 물건이었다. 게다가 유대인들은 이방인에게는 말씀이 기록된 두루마리를 팔지 않았다. 한 가지 확실한 것은 그는 큰 값을 지불하고 성경 두루마리를 구할 만큼 말씀에 대한 열정과 재정적인 능력이 있었다.

3 빌립에게 수레로 가까이 나아가라고 하신 분은 누구인가? 내시는 읽고 있던 말씀을 왜 깨닫지 못하고 있었는가?(8:29-31)

a) 빌립에 명령하신 분(29절): 성령

b) 깨닫지 못한 이유(31절): 지도해 주는 사람이 없어서

성령이 빌립에게 에디오피아 사람이 타고 있는 수레 가까이 나아가라고 하셨다. 에디오피아 내시가 이방인에게 수레에 올라와 앉으라는 말을 할 리가 없다. 그러므로 그가 주저하지 않고 빌립을 청한 것은 이미 이들이

영적으로 교통하고 있었음을 보여 준다. 하나님이 그들의 마음을 이어 주신 것이다. 이렇게 하여 빌립이 그 사람에게 마음껏 말씀을 가르치고 전도할 기회가 마련되었다.

빌립은 에디오피아 내시에게 그가 읽고 있는 것이 무엇을 의미하는지 깨달았느냐고 물었다. 내시는 지도해 주는 사람이 없어서 깨달을 수 없다며, 빌립에게 수레에 올라와 앉으라고 청했다. '지도해 주는 자'는 맹인 같은 사람을 한 곳에서 다른 곳으로 안내해 주는 사람이며, 본문에서는 깨달음과 지혜로 인도하는 이를 뜻한다. 그는 빌립이 지도해 주는 자가 되어 이사야서 말씀이 의미하는 바로 인도해 주기를 기대한다.

4 에디오피아 사람이 읽고 이해하지 못한 이사야의 글에서 양은 누구를 가리키는가? 이 글은 무엇에 관한 예언이며, 빌립은 내시에게 누구를 가르쳐 주었는가?(8:32-35, Tip)

a) 양(Tip): 예수님

b) 예언(Tip): 아무 죄가 없으신 예수님이 죄인 취급을 받아 처형당하신 일에 대한 예언

c) 빌립이 내시에게 가르쳐 준 분(35절): 예수님

에디오피아 내시가 읽고 이해하지 못한 말씀은 이사야 53:7-8이다. 일명 '종의 노래', 곧 아무 죄가 없는 예수님이 죄인 취급을 받아 처형당하신 일에 관한 예언이다. 당시 유대인들은 이 종이 선지자 이사야나 엘리야 같은 특별한 사람이라고 했다. 그러나 메시아는 배제했다. 메시아가 고통당하는 것은 있을 수 없는 일이라고 생각했기 때문이다.

하지만 빌립은 이사야서에 있는 종의 노래를 설명하면서 억울하게 죽은 종은 장차 온 인류의 구원자로 오실 메시아이며, 그는 다름 아닌 예수님이라며 복음을 전했다. 내시의 질문은 빌립이 마음껏 말씀을 나누며 전도할 여건을 마련해 주었다. 에디오피아 내시도 빌립의 설명에 만족했고, 그가 알려 준 예수님을 영접했다. 마태와 요한은 이사야 53장이 예수님의 치유 사역을 통해 성취되었다고 하며(마 8:17; 요 12:38), 누가는 예수님의 고난을 통해 이루어졌다고 한다(눅 22:37).

5 내시가 빌립에게 요청한 것은 무엇이며, 전도자 빌립을 이끌고 계신 분은 누구인가?(8:36, 39)

a) 내시의 요청(36절): 세례를 베풀어 달라고 요청함

b) 빌립을 이끄시는 분(39절): 주의 영

내시가 빌립에게 세례를 베풀어 달라고 부탁했다. 당시에는 강에 온몸을 담그는 방식으로 세례를 주었는데, 물이 없으면 간단하게 물을 뿌리는 방식으로 세례를 주기도 했다. 에디오피아 내시는 5개월에 걸쳐 예루살렘 성전으로 순례를 올 만큼 유대교의 교리에 익숙한 사람이다. 유대교도 이방인들이 유대교로 개종할 때 세례를 베풀었기 때문에 기독교에도 당연히 이러한 예식 절차가 있을 것으로 생각했을 것이다. 그리고 빌립도 복음을 영접한 그에게 세례의 필요성을 확인해 주었을 것이다. 빌립이 베푼 세례를 받은 그는 여러 가지 신체적·인종적 장벽을 허물고 그리스도인이 되었다. 그들은 수레를 멈추고 함께 물가로 내려갔고, 빌립은 에디오피아 내시에게 세례를 베풀었다.

세례를 베풀고 올라온 다음 두 사람은 각자의 길을 갔다. 에디오피아 내시는 기쁘게 가던 길, 곧 조국으로 돌아갔다. 기쁨은 복음을 영접한 사람이 흔히 경험하는 감정이다. 하나님과의 관계가 회복되고, 예수님이 구주가 되셨으니 얼마나 기쁘겠는가! 기독교는 예로부터 기쁨의 종교라고 했다.

한편 빌립은 주의 영에 이끌려 갔다. 그는 주의 사자에 이끌려 이곳에 왔던 것처럼, 주의 영이 인도하시는 곳으로 갔다. 빌립은 아소도에 나타나 여러 성을 지나며 복음을 전하고 가이사랴에 이르렀다. 그는 사도들처럼 곳곳에서 전도하는 '순회 전도자'였던 것이다. 빌립은 약 20년 후에도 여선지자로 활동하는 결혼하지 않은 네 딸과 함께 가이사랴에 살았다. 누가는 그를 '전도자 빌립'이라고 부른다(21:8). 그는 평생 전도자의 삶을 산 것이다.

🧭 삶의 내비게이션(적용)

1 빌립은 성령의 이끄심에 따라 예루살렘 성전에서 예배하고 집으로 돌아가는 에디오피아 여왕의 내시를 만났고, 한 영혼을 구원할 수 있었다. 당신은 전도 현장에서 어떤 성령의 역사를 경험했는가?

관찰문제 1, 5번 참고. 빌립의 이야기는 지금까지 사도행전에 기록된 이야기들과 중요한 차이를 보인다. 그동안은 많은 사람이 한꺼번에 회심한 이야기만 회고했다면, 이제는 빌립의 이야기를 시작으로 개인의 회심 이야기를 회고한다. 에디오피아 내시와 사울(바울)과 고넬료가 어떻게 예수님을 영접하게 되었는지를 회고함으로써 복음이 개인화되고 있음을 보여 준다.

하나님은 때로 우리를 예비해 두신 구도자에게 보내신다. 빌립은 성령의 이끄심에 따라 집으로 돌아가는 에디오피아 내시를 만났으며, 내시는 그리스도인이 될 만반의 준비를 하고 있었다! 그가 예수님을 영접할 때가 무르익은 것이다. 이처럼 때로는 하나님이 우리 발걸음을 이미 오래전부터 준비해 두신 자들에게 인도하신다. 그러므로 우리는 항상 하나님의 인도하심에 예민해야 한다.

빌립이 성령의 인도하심을 따라 한 사람을 만나 복음을 전하고 그 영혼을 구원한 이야기는, 오늘날 우리의 전도 현장에서도 동일하게 일어나는 성령의 역사에 대한 강력한 본보기다. 거리에서 전도지를 건넸는데 "저를 위해 기도해 주세요"라며 다가오는 사람을 만난 경험, 전도 모임 때 비가 와서 장소를 옮겼는데 그 자리에서 준비된 사람을 만난 경험, 길거리 찬양 중 한 노숙자가 다가와 복음을 듣고 새 삶을 결단한 경험, SNS에 복음 메시지를 올렸는데 오랫동안 연락이 없던 친구가 신앙 상담을 요청한 경험, 꿈에서 만났던 사람을 전도 현장에서 만나 바로 복음을 받아들인 경험, 직장에서 식사 전에 기도하는 모습을 지켜본 동료가 신앙에 관심을 갖게 된 경험, 해외 선교지에서 언어가 안 통해서 머뭇거리고 있는데 통역이 가능한 현지인을 만난 경험, 병상에 있던 부모님께 마지막으로 복음을 전했을 때 마음 문을 열고 영접한 경험이 우리에게도 있다. 이처럼 성령께서 준비하시고, 우리를 그 자리에 보내시며, 상대의 마음을 열어 주시는 놀라운 역사는 지금도 계속되고 있다. 성령은 우리가 계획하지 못한 만남을 예비하시고, 우리로 하여금 담대히 복음을 전하게 하신다. 각자 전도 현장에서 경험했던 성령의 역사에 대해 이야기해 본다.

2 에디오피아 여왕의 내시는 하나님을 예배하기 위해 왕복 10개월이 걸리는 먼 여정을 마다하지 않고 예루살렘 성전을 찾았다. 당신은 하나님을 예배하고 교제하기 위해 어디까지 희생해 보았는가?

관찰문제 2번 참고. 에디오피아 여왕의 내시는 당시 왕의 재정을 담당하는 '재무장관'이었다. 그는 하나님을 예배하기 위해 왕복 10개월이 걸리는 먼 길을 마다하지 않았다. 당시 유대교는 환관의 개종을 받아주지 않았기 때문에 그는 성전 안뜰에는 들어가지 못하고 먼발치에서 하나님을 예배했을 것이다. 또한 그는 하나님의 말씀을 사모하는 사람이었다. 당시 아주 고가의 물건이던 두루마리 성경을 큰 값을 지불하고 구할 만큼 말씀에 대한 열정이 있었다.

에디오피아 여왕의 내시가 먼 여정을 감수하며 하나님을 예배하러 온 모습은 오늘날 우리가 하나님을 향한 예배와 공동체를 위해 기꺼이 치르는 시간적·정서적·물질적 희생과도 깊이 연결된다. 바쁜 일정 중에도 예배를 최우선으로 삼기 위해 시간을 조정하고, 주일 근무를 거절하거나 감수하면서 예배를 선택하고, 새벽이나 늦은 밤에 육체의 피곤함을 이겨 내고 기도 모임에 참여하고, 가족이나 친구들과의 약속보다 예배와 소그룹 모임을 우선순위에 두고, 이사를 앞두고 예배할 수 있는 교회를 기준으로 지역을 선택하고, 경제적으로 넉넉하지 않지만 헌금과 선교 후원을 기쁨으로 드리고, 가족의 반대 속에서도 꾸준히 예배 자리를 지키고, 공동체 안에 불편한 관계가 있어도 함께 예배하고 화해하려는 마음과 태도를 보이는 등의 크고 작은 희생을 마다하지 않는다. 이러한 희생은 단순한 노력의 문제가 아니라 하나님을 향한 사랑과 믿음의 표현이며, 에디오피아 여왕의 내시처럼 진정한 예배자는 언제나 길을 찾고 값을 치른다는 사실을 보여 준다. 각자 하나님을 예배하고 그분과 교제하기 위해 어디까지 희생해 보았는지 이야기해 본다.

3 빌립이 이사야의 글을 풀어서 가르쳐 주었을 때 에디오피아 내시는 예수님을 영접하고 세례를 받았다. 당신이 지금 영적 스승이 되어 하나님의 말씀을 가르치고 예수님의 제자가 되게 하고 싶은 사람은 누

구인가?

관찰문제 3, 4번 참고. 하나님은 많은 사람이 한꺼번에 구원에 이르는 일을 기뻐하시지만, 한 영혼이 구원에 이르는 것도 기뻐하신다. 그러므로 전도와 선교를 할 때는 숫자에 민감하지 않아야 한다. 한 영혼, 한 영혼이 하나님께는 온 천하보다 귀하다. 우리도 이와 같은 마음으로 전도와 선교에 힘써야 한다. 우리가 누리는 이 좋은 복음을 사랑하는 이들과 함께 나누는 것은 참으로 행복한 일이다.

하나님의 말씀은 스스로 깨닫기가 쉽지 않다. 이 에디오피아 내시가 나라의 모든 국고를 맡은 관리인이었다는 사실을 고려하면 그는 참으로 많은 교육을 받은 사람이다. 그런데도 이사야의 예언이 누구를 두고 어떤 의미로 선포된 것인지 알지 못했다. 그는 지도해 주는 사람이 있어야 깨달을 수 있을 것이라고 했다. 우리는 혼자서 하는 성경 공부의 한계를 의식하고 인정해야 한다. 성령의 인도하심에 주의를 기울이며 전문가(신학자, 목사)들의 도움을 받고 성경에 대한 참고서와 서적들을 참조하기를 게을리하지 않아야 한다.

우리도 누군가에게 영적 스승이 되어 그를 예수님의 제자로 세우는 역할을 감당해야 한다. 예를 들면, 신앙은 있지만 성경을 읽어도 잘 이해하지 못해 혼란스러워하는 새 신자, 예수님과 인격적인 만남이 없는 친구, 하나님을 알고 싶어서 성경을 스스로 읽는 사람, 삶의 위기를 통해 신앙에 관심을 갖기 시작한 직장 동료, 이단에게서 성경을 잘못 배워 혼란에 빠진 지인, 복음을 들었지만 체계적인 가르침이 필요한 성도, 자녀로 인해 교회에 처음 발을 들인 학부모, 신앙 공동체 안에 있지만 교리나 복음의 핵심을 모르는 성도, 사역을 하고 있지만 실제 말씀 위에 제대로 서지 못한 청년 리더 등은 모두 말씀이 풀릴 때 예수님을 만날 수 있는 준비된 영혼들이다. 우리는 모두 누군가에게 영적 스승, 길잡이, 제자 양육자가 되도록 부름받았다. 각자 삶의 자리에서 지금 영적 스승이 되어 하나님의 말씀을 가르치고 예수님의 제자가 되게 하고 싶은 사람은 누구인지 이야기해 본다.

기도로 마무리한다.

제8주 관찰문제를 예습해 오게 한다.

실천과제를 제시한다.

 **생활의 아로마**(실천)

예 1) 예수님의 제자로 세우고 싶은 사람을 위해 지속적으로 기도하며 만남과 교제의 시간을 가진다.

2) 지금 하나님을 예배하기 위해 시간적·정서적·물질적 희생이 필요한 부분을 찾아보고 바로 실천한다.

제8주 목적이 있는 부르심

학습목표

예수님이 하나님과 원수 되었던 우리를 찾아와 복음 전도자로 부르실 때, 두렵지만 순종하며 증인의 삶을 살아간다.

KEYWORD 부르심, 두려움, 순종

I. 찬양과 기도

II. 지난주 실천과제 나눔

III. 복습문제 풀이

 **복습**

1 에디오피아 사람이 읽고 이해하지 못한 이사야의 글에서 양은 누구를 가리키는가? 이 글은 무엇에 관한 예언이며, 빌립은 내시에게 누구를 가르쳐 주었는가?(8:32-35, Tip)

  a) 양(Tip): 예수님

  b) 예언(Tip): 아무 죄가 없으신 예수님이 죄인 취급을 받아 처형당하신 일에 대한 예언

  c) 빌립이 내시에게 가르친 분(35절): 예수님

9:1 사울이 주의 제자들에 대하여 여전히 위협과 살기가 등등하여 대제사장에게 가서 2 다메섹 여러 회당에 가져갈 공문을 청하니 이는 만일 그 도를 따르는 사람을 만나면 남녀를 막론하고 결박하여 예루살렘으로 잡아오려 함이라 3 사울이 길을 가다가 다메섹에 가까이 이르더니 홀연히 하늘로부터 빛이 그를 둘러 비추는지라 4 땅에 엎드러져 들으매 소리가 있어 이르시되 사울아 사울아 네가 어찌하여 나를 박해하느냐 하시거늘 5 대답하되 주여 누구시니이까 이르시되 나는 네가 박해하는 예수라 6 너는 일어나 시내로 들어가라 네가 행할 것을 네게 이를 자가 있느니라 하시니 7 같이 가던 사람들은 소리만 듣고 아무도 보지 못하여 말을 못하고 서 있더라 8 사울이 땅에서 일어나 눈은 떴으나 아무 것도 보지 못하고 사람의 손에 끌려 다메섹으로 들어가서 9 사흘 동안 보지 못하고 먹지도 마시지도 아니하니라 10 그 때에 다메섹에 아나니아라 하는 제자가 있더니 주께서 환상 중에 불러 이르시되 아나니아야 하시거늘 대답하되 주여 내가 여기 있나이다 하니 11 주께서 이르시되 일어나 직가라 하는 거리로 가서 유다의 집에서 다소 사람 사울이라 하는 사람을 찾으라 그가 기도하는 중이니라 12 그가 아나니아라 하는 사람이 들어와서 자기에게 안수하여 다시 보게 하는 것을 보았느니라 하시거늘 13 아나니아가 대답하되 주여 이 사람에 대하여 내가 여러 사람에게 듣사온즉 그가 예루살렘에서 주의 성도에게 적지 않은 해를 끼쳤다 하더니 14 여기서도 주의 이름을 부르는 모든 사람을 결박할 권한을 대제사장들에게서 받았나이다 하거늘 15 주께서 이르시되 가라 이 사람은 내 이름을 이방인과 임금들과 이스라엘 자손들에게 전하기 위하여 택한 나의 그릇이라 16 그가 내 이름을 위하여 얼마나 고난을 받아야 할 것을 내가 그에게 보이리라 하시니 17 아나니아가 떠나 그 집에 들어가서 그에게 안수하여 이르되 형제 사울아 주 곧 네가 오는 길에서 나타나셨던 예수께서 나를 보내어 너로 다시 보게 하시고 성령으로 충만하게 하신다 하니 18 즉시 사울의 눈에서 비늘 같은 것이 벗어져 다시 보게 된지라 일어나 세례를 받고 19 음식을 먹으매 강건하여지니라 사울이 다메섹에 있는 제자들과 함께 며칠 있을새 20 즉시로 각 회당에서 예수가 하나님의 아들이심을 전파하니 21 듣는 사람이 다 놀라 말하되 이 사람이 예루살렘에서 이 이름을 부르는 사람을 멸하려던 자가 아니냐 여기 온 것도 그들을 결박하여 대제사장들에게 끌어 가고자 함이 아니냐 하더라 22 사울은 힘을 더 얻어 예수를 그리스도라 증언하여 다메섹에 사는 유대인들을 당혹하게 하니라 23 여러 날이 지나매 유대

인들이 사울 죽이기를 공모하더니 [24] 그 계교가 사울에게 알려지니라 그들이 그를 죽이려고 밤낮으로 성문까지 지키거늘 [25] 그의 제자들이 밤에 사울을 광주리에 담아 성벽에서 달아 내리니라

 말씀 돋보기(관찰)

1 사울이 대제사장에게 청한 것은 무엇이며, 그것을 청한 이유는 무엇인가?(9:1-2)

a) 사울이 청한 것(2절): 다메섹 여러 회당에 가져갈 공문

b) 청한 이유(2절): 그 도를 따르는 사람(그리스도인)들을 예루살렘으로 잡아 오기 위해

 사울이 예수님의 제자들에 대해 위협과 살기가 등등해 기독교를 뿌리째 뽑겠다고 나섰다. 그는 바리새인인 가말리엘에게 교육을 받은 바리새인이었다. 사울은 만일 기독교가 하나님께로부터 온 것이 아니라면 머지않아 스스로 망할 것이니 아무 제재도 가하지 말고 지켜보자던 스승 가말리엘과는 전혀 다른 모습을 보이며 왕성한 혈기로 어리석고 폭력적인 태도를 취하고 있다. 스데반은 새것(기독교)이 왔으니 옛것(유대교)은 사라져야 한다고 말한 반면에 사울은 옛것이 계속 유지되어야 하니 새것이 없어져야 한다고 한다. 이에 사명감을 가지고 기독교를 없애려 한다.

사울은 대제사장 가야바를 찾아가 다메섹 여러 회당에 가져갈 공문을 청했다. 대제사장이 써 준 공문을 가지고 다메섹으로 가서 그 도를 따르는 자들이 있으면 남녀를 막론하고 결박해 예루살렘으로 잡아 오기 위해서다. 사울은 훗날 자신이 교회를 핍박하는 자였음을 고백한다(고전 15:9; 갈 1:13-14; 빌 3:6; 딤전 1:13). '그 도를 따르는 자들'은 그리스도인을 뜻하는데, 예수님을 따르는 이들에게 '그리스도인'이라는 호칭이 주어지기 전에는 이렇게 불렸다.

사울이 다메섹을 방문한 이유는 그리스도인들을 잡아들이기 위해서다.
이는 다메섹에 사는 유대인들을 중심으로 이미 교회가 형성되었다는 뜻
이다.

2 사울이 다메섹에 도착할 때쯤 그를 찾아오신 분은 누구인가? 사울에
게 무슨 일이 일어났는가?(9:5,8)
a) 사울을 찾아오신 분(5절): 예수님
b) 사울에게 일어난 일(8절): 눈은 떴으나 아무것도 보지 못함

사울이 다메섹에 도착할 때쯤 홀연히 하늘로부터 빛이 그를 둘러 비추었
다. 정오의 강렬한 햇빛을 압도할 정도로 강력한 빛이었다. 하나님의 현
현이 아니라면 불가능한 일이다. 하나님의 현현이 임하면 하나님이 나타
나시는데, 이번에는 예수님이 나타나셨다. 예수님은 그에게 "사울아, 사
울아, 네가 어찌하여 나를 박해하느냐?"라고 물으셨다. 사울은 이때까지
그리스도인들을 박해했지 예수님을 핍박한 적은 없다. 그러므로 예수님
이 이렇게 말씀하시는 것은 주님이 모든 그리스도인에게 가해지는 고통
을 몸소 느끼신다는 뜻이다. 우리가 믿음으로 인해 받는 고통을 주님이
아실 뿐 아니라, 그 고통을 주님도 체험하신다는 사실이 그저 감개무량
할 뿐이다!

예수님은 자신을 그리스도(메시아) 혹은 구세주라 하지 않으시고, 예수
라 하신다. '예수'는 주님이 인간이심을 가장 잘 드러내는 이름이다. 십자
가에서 죽은 예수님이 사울을 찾아오셨다. 예수님은 자신이 죽음에서 부
활한 것을 사울에게 직접 보여 주신 것이다. 그동안 십자가에서 죽은 가
짜 메시아로만 알았던 분이 살아서(부활해서) 나타나셨으니 사울이 얼마
나 놀랐을까! 예수님은 죽지 않았고 지금 살아 계신다는 것을 깨닫는 순
간 사울은 온몸에 전율이 흐르는 것을 경험했을 것이다.

사울은 율법에 대한 열정으로 교회를 핍박했다. 그는 믿음이 없고 무지
해서 핍박했다. 사울의 회심은 그의 의지와 지성과 감정에 완전한 변화
를 가져왔으며, 그의 삶과 행동을 완전히 바꾸어 놓았다. 그리스도인을
모두 잡아들이겠던 그의 계획도 한순간에 수포로 돌아갔다. 그가 교회

의 머리이신 예수님을 만났기 때문이다!

사울은 예수님이 명령하신 대로 다메섹으로 들어가기 위해 일어섰다. 그런데 눈을 떴지만 아무것도 보지 못했다. 아무것도 보지 못하는 사울은 사람들의 손에 이끌려 다메섹으로 들어갔다. 왕성한 혈기로 그리스도인을 모두 죽여 버리겠다며 방방 뛰던 사울은 이제 모든 힘을 잃고 가장 연약한 자가 되어 주님을 기다려야 한다.

3 예수님은 사울을 도울 자로 누구를 준비하셨는가? 그가 주님의 말씀을 듣고 걱정한 이유는 무엇인가?(9:10, 13-14)

a) 예수님이 준비하신 자(10절): 아나니아

b) 아나니아가 걱정한 이유(13-14절): 사울이 예루살렘에서 주의 성도에게 적지 않은 해를 끼쳤고, 다메섹에서도 주의 이름을 부르는 모든 사람을 결박하려고 했기 때문에

사울이 다메섹에서 사흘 동안 기도와 금식으로 지난날을 묵상하고 있을 때, 주님이 그를 도울 사람을 세우셨다. 바로 다메섹에 있는 제자 중에 아나니아라는 사람을 환상 중에 부르신 것이다. 아나니아는 '여호와께서 자비를 베푸신다'라는 의미의 히브리어 이름을 지닌 경건한 유대인 그리스도인이었다. 예수님은 아나니아에게 직가라 하는 거리로 가서 유다의 집을 찾아가 그곳에서 기도하고 있는 다소 사람 사울을 찾으라고 하셨다. 다소는 시리아 지역의 로마 총독이 다스리던 도시로, 교역과 교육의 중심지였다. 사울은 어린 시절을 다소에서 보내며 상당한 수준의 교육을 받았고, 헬라어를 완벽하게 구사하는 디아스포라 유대인이었다. 당시 유명한 바리새인 랍비인 가말리엘에게 배우기 위해 유학을 간 것으로 보아 사울의 집이 상당히 부유했음을 짐작할 수 있다. 사울은 베냐민 지파에 속한 유대교 신앙이 투철한 집안에서 태어났고, 로마 시민권을 가지고 있었다.

그러나 주님의 말씀을 듣고도 아나니아는 걱정과 우려가 앞섰다. 아나니아는 예수님께 자신이 들은 바로는 사울이 위험한 사람이라고 했다. 여러 사람의 말에 따르면 사울은 예루살렘에서 주의 성도들에게 적지 않은

해를 끼쳤다. 그는 매우 위험한 인물인데, 굳이 그리스도인인 자기가 가서 만날 이유가 있겠느냐는 취지의 말이다. 게다가 사울은 그리스도인을 모두 잡아 예루살렘으로 끌고 갈 목적으로 다메섹을 방문했다. 아나니아도 잡히면 예루살렘으로 끌려갈 상황이다. 그러므로 우리는 아나니아의 우려를 충분히 이해할 수 있다.

4 예수님이 사울을 택하신 목적과 아나니아를 통해 안수하신 목적은 무엇인가?(9:15-17)

a) 사울을 택하신 목적(15절): 예수님의 이름을 이방인과 임금들과 이스라엘 자손들에게 전하기 위해

b) 안수하신 목적(17절): 사울을 다시 보게 하고, 성령으로 충만하게 하시려고

예수님은 우려하는 아나니아에게 그냥 '가라'라고 하신다. 자기를 믿고 따르라는 것이다. 사울이 과거에 어떤 일을 했는지는 중요하지 않고, 앞으로 사울이 하나님께 어떻게 쓰임받을 것인지가 중요하기 때문이다. 예수님은 사울이 어떻게 쓰임받을 것인지 두 가지로 말씀하신다. 첫째, 사울은 예수님의 이름을 이방인과 임금들과 이스라엘 자손들에게 전하기 위해 택함받은 그릇이다. 사울은 가장 우선적으로 이방인을 대상으로 사역할 것이다. 사도행전에서 이방인들은 바울이 전한 복음을 주저하지 않고 영접한 사람들, 왕들은 그의 복음을 듣지만 영접하기를 꺼리는 자들, 이스라엘 자손들은 바울이 전한 복음을 부인하는 자들이다. 사울은 그리스도의 복음을 전하면서 다양하게 반응하는 사람들을 접하게 될 것이다. 둘째, 사울은 주님의 이름을 위해 많은 고난을 받을 것이다. 사울이 기독교인이 된 것을 보고 유대교를 배신했다고 생각하는 유대인들이 그를 죽이려 할 것이기 때문이다. 그때마다 제자들이 나서서 그를 도피시킨다. 그들은 회심하고 예수님의 제자가 된 사울을 사랑한 것이다.

아나니아는 사울에게 안수하며 그를 형제라고 불렀다. 아나니아가 사울에게 안수한 목적은 두 가지다. 첫째, 사울이 다메섹으로 오는 길에 나타났던 예수께서 그의 눈을 다시 보게 하시기 위함이다. 둘째, 사울을 성령으로 충만하게 하기 위함이다. 성령이 처음으로 이스라엘 영토 밖에서

임하고 있다. 그러므로 한 학자는 아나니아가 그를 찾아간 일을 '바울의 오순절'이라고 한다. 아나니아가 사울에게 안수하자 곧바로 사울의 눈에서 비늘 같은 것이 벗겨져 다시 보게 되었고, 사울은 아나니아에게 세례를 받은 다음 음식을 먹고 강건해졌다.

5 사울은 회심한 후 예수님을 누구라고 증언했는가? 이에 유대인들과 제자들은 어떻게 반응했는가?(9:20-22, 23-25)
a) 사울의 증언(20, 22절): 예수를 하나님의 아들, 그리스도라 증언함
b) 유대인들의 반응(23절): 사울을 죽이려고 공모함
c) 제자들의 반응(25절): 사울을 광주리에 담아 성벽에서 달아 내림(다메섹을 탈출하도록 도움)

사울은 다메섹에 있는 주님의 제자들과 함께 며칠간 지내며 교제했다. 다메섹에 사는 제자들이 아나니아처럼 예루살렘에서 그들을 잡으러 온 사울을 그리스도 안에서 형제로 환영한 것이다. 이 아름다운 모습은 복음의 능력을 단면적으로 보여 준다.

사울은 즉시로 각 회당에서 예수님이 하나님의 아들이심을 전파했다. 그가 다메섹의 여러 회당을 다니며 강연(설교)할 수 있었던 것은 이 도시에 사는 유대인의 수가 많았기 때문이다. 사울이 제자들에게 어떤 훈련이나 양육을 받지 않고 곧바로 전도를 시작할 수 있었던 것은 그가 구약의 말씀을 익히 알고 있었고, 성령이 그와 함께하며 예수님과 말씀에 대한 깨우침을 주셨기 때문이다. 아마도 사울은 회당을 찾아다니며 구약 선지자들의 예언과 모세 율법 등을 인용하고 설명하면서 예수님이 바로 구약이 오실 것이라고 예언했던 하나님의 아들, 곧 유대인들이 기다리던 다윗의 후손으로 오신 메시아(그리스도)라는 사실을 전파했을 것이다.

회당에서 사울이 전파하는 메시지를 들은 사람들이 모두 놀랐다. 사울이 점점 더 담대하게 복음을 전하자 유대인들은 사울을 죽이기 위해 공모했다. 사울의 생명이 위험하다고 생각한 그의 제자들은 사울을 광주리에 담아 성벽에서 달아 내려 다메섹을 탈출하게 했다. '그의 제자들'은 사울의 제자들이거나 혹은 사울이 전한 메시지를 통해 예수님을 영접한 사람

들이다. 사울은 다메섹에 그를 따르는 제자들을 둘 정도로 상당 기간 그
곳에 머물며 사역했다. 제자들은 사울을 광주리에 담아 성벽 아래로 내
려 탈출시킬 만큼 과감했고, 사울 또한 죽음을 두려워하지 않는 전도자
가 되었다.

 **삶의 내비게이션(적용)**

1 예수님은 자신을 가장 열정적으로 핍박하는 사울을 찾아와 복음을
선포하는 사도로 세우셨다. 당신이 예수님을 만나고 경험한 가장 극
적인 변화는 무엇인가?

관찰문제 2번 참고. 우리는 참으로 놀라운 광경을 목격하고 있다. 예수님이 그
분을 가장 열정적으로 핍박하는 자, 곧 원수라 할 수 있는 사울을 찾아오셨다.
사울을 죽이거나 심판하기 위해서가 아니라, 그를 구원해 이방인에게 복음을
선포하는 사도로 세우기 위해 찾아오셨다. 예수님이 핍박자를 제자로 삼기 위
해 오신 것이다. 예수님의 사랑과 용서에는 한계가 없다!

사울이 경험한 일은 하나님이 은혜로 우리를 구원하신다는 것이 무엇을 의미하
는지에 대해 새로운 깨달음을 준다. 사울은 그리스도인들, 곧 예수님을 핍박하
는 자였다. 심지어 다메섹에 있는 모든 그리스도인을 잡아가기 위해 먼 길을 왔
다. 그런데 예수님이 그를 찾아와 구원하셨다. 잠시 후 다른 사도들이 받지 못
한 크고 위대한 소명, 곧 이방인에게 복음을 전하라는 소명을 주실 것이다. 주
님이 그를 구원하신 것도 모자라 일꾼으로 세우시는 것이다. 하나님이 은혜로
우리를 구원하시는 것은 바로 이런 것이다.

사울이 그리스도인을 핍박하러 갔다가 오히려 핍박받는 자가 되고, 쫓던 자가
쫓기는 사람이 된 것처럼 누구든지 주님을 만나면 이렇게 변할 수 있다. 예전에
는 외모와 성적 때문에 자주 우울해하고 주변 사람들의 눈치를 많이 보던 학생
이 예수님을 만난 뒤 '하나님의 자녀'라는 정체성이 자리 잡으면서 비교하기보
다 감사하게 되고 질투하기보다 축복하게 된 경험, 성과와 실적과 경쟁의식으

로 지쳐 가던 직장인이 직장이 곧 하나님이 주신 사명의 자리임을 깨달은 후 동료의 실수를 덮어주고 도와주게 된 경험, 자녀를 학업 성적이라는 기준으로 통제하던 부모가 하나님께 자녀를 온전히 맡긴 뒤 대화와 소통에 회복이 일어난 경험, 거짓말과 중독과 폭력 등 반복적인 죄에 얽매여 살던 사람이 성령의 도우심으로 죄를 이기고 다른 중독자들을 돕는 사역자로 변화된 경험 등이 있다. 이러한 변화는 단순한 태도의 변화가 아니라 예수님과의 인격적인 만남으로 완전히 '새사람'이 되었다는 증거다. 각자 예수님을 만나고 경험한 가장 극적인 변화는 무엇인지 이야기해 본다.

2 유대인들이 사울을 죽이려고 다메섹 성문을 지키고 있을 때, 제자들은 사울이 다메섹에서 탈출하도록 도와주었다. 그들은 서로 신뢰하고 보호했다. 당신의 주변에서 지금 신앙으로 위로하고 보호해 주어야 할 사람은 누구인가?

관찰문제 5번 참고. 하나님은 여러 사람을 통해 사역하신다. 앞을 보지 못하는 사울을 위해 아나니아를 준비하셨고, 아나니아는 사울을 제자들과 만나게 해 주었다. 또한 다메섹에 있는 주님의 제자들이 사울과 교제하며 그를 보호했다. 그들은 오랜 형제들처럼 교제했다. 서로를 최대한 신뢰하고 보호했다. 사울을 노리는 자들이 다메섹 성문을 지키고 있을 때, 사울을 광주리에 담아 성벽 아래로 내려 탈출하게 할 만큼 과감했다. 하나님의 역사는 이처럼 다양한 사람을 통해 이루어진다. 그러므로 그리스도인은 홀로 삶을 사는 것이 아니라는 사실을 마음에 새기고 주님이 만나게 하실 사람들을 기대하며 살아야 한다.

우리 주변에도 신앙으로 위로하고 보호해 주어야 할 사람들이 있다. 부모님이 불신자인 청소년이나 청년이 핍박받으며 신앙생활을 할 때 "너는 혼자가 아니야. 우리가 가족이 되어 줄게"라며 따뜻하게 환대하고 함께 기도하며 신앙 공동체로 품어 주기, 교회 다닌다는 이유로 직장에서 '유별나다'는 말을 듣고 신앙적으로 갈등하는 동료에게 자신의 믿음을 고백하거나 공개적으로 지지함으로써 신앙은 부끄러운 게 아니라는 확신을 심어 주기, 삶의 어려움 때문에 하나님을 원망하거나 교회를 떠나려고 할 때 그 아픔을 정죄하지 않고 들어 주며 묵묵히 곁을 지켜 주기, 이민자나 다문화 가정 혹은 교회에 처음 나온 새신자들이 이방인처럼 소외감을 느낄 때 따뜻하게 인사하며 복음 안에서 하나 될 수 있음을 보여 주기, 신앙 때문에 핍박받는 선교지의 성도들을 위해 기도하고 후원과 서신으로 격려하기 등의 실천이 필요하다. 신앙은 나 혼자 하는 것이 아니라 서로 보호하며 함께 걸어가는 길이라는 사실을 기억하고 행동할 수 있다면, 우리 공동체는 복음의 빛을 더 밝게 비출 것이다. 각자 삶의 주변을 돌아보고, 지금 신앙으로 위로하고 보호해 주어야 할 사람은 누구인지 이야기해 본다.

3 예수님은 사울을 돕기 위해 아나니아를 준비하셨고, 아나니아는 두려움 가운데서도 예수님의 명령에 순종했다. 당신이 신앙을 지키기 위해 두렵지만 용기를 내어 순종해야 할 일은 무엇인가?

관찰문제 3번 참고. 아나니아가 사울을 찾아가 안수하는 일에는 참으로 큰 용기가 필요했다. 당시 사울은 교회를 핍박하는 자로 명성을 날렸고, 다메섹에 온 이유도 아나니아처럼 주님을 따르는 자들을 잡아 예루살렘으로 끌고 가기 위해서였기 때문이다. 그러므로 아나니아가 사울을 찾아가 안수하고 세례를 베푼 것은 하나님이 그에게 용기를 주시고 인도하셨기에 가능한 일이었다. 살면서 우리는 하나님과 교통하는 일에 나태해서는 안 된다. 아나니아처럼 주님께 쓰임받기 위해서는 항상 하나님과 연결된 대화 채널을 열어 두어야 한다.

오늘날 우리 삶에도 신앙을 지키기 위해 두렵지만 순종해야 할 순간이 있다. 가족이나 친구와의 관계가 어색해질까 봐 또는 거절당하거나 비웃음거리가 될까 봐 복음을 전하지 못하고 있을 때 관계보다 복음 전하는 사명을 먼저 붙드는 순종, 직장이나 학교에서 정직하게 살면 손해를 보거나 다른 사람보다 뒤처질까 봐 두려울 때 손해를 보더라도 하나님 앞에 부끄럽지 않은 일을 선택하는 순종, 모임에서 술을 거절하면 소외될까 불안할 때 사람보다 하나님을 기쁘시게 하는 일을 선택하는 순종, 주일에 일하라는 요구를 거절하면 직장을 잃을까 걱정될 때 예배를 우선순위로 삼는 순종, 바쁜 일상 때문에 번번이 봉사하라는 제안을 거절하고 있을 때 작은 일이라도 '예'라고 응답하며 믿음의 발걸음을 내딛는 순종의 결단이 필요하다. 순종은 두려움 없는 사람이 하는 것이 아니라, 두려움 속에서도 하나님을 신뢰하는 사람이 하는 것이다. 각자의 삶에서 신앙을 지키기 위해 두렵지만 용기를 내어 순종해야 할 일을 무엇인지 이야기해 본다.

기도로 마무리한다.
제9주 관찰문제를 예습해 오게 한다.
실천과제를 제시한다.

🌼 생활의 아로마(실천)

예 1) 신앙적 위로와 보호가 필요한 사람들을 위해 기도하고 전화하거나 직접
찾아가 위로한다.
2) 두려움 속에서 하나님의 음성에 순종하지 못하고 있는 일이 있다면 기도
하고 믿음으로 결단한다.

제9주 편견의 벽을 허문 복음

사도행전 10:1-23a

그리스도의 복음이 세상 곳곳으로 전해지는 데 방해가 되는 낡은 편견을 버리고, 하나님 나라의 질서와 가치관으로 새롭게 무장한다.

KEYWORD **복음, 편견, 포용**

I. 찬양과 기도

II. 지난주 실천과제 나눔

III. 복습문제 풀이

 복습

1 예수님이 사울을 택하신 목적과 아나니아를 통해 안수하신 목적은 무엇인가?(9:15-17)
- a) 사울을 택하신 목적(15절): 예수님의 이름을 이방인과 임금들과 이스라엘 자손들에게 전하기 위해
- b) 안수하신 목적(17절): 사울을 다시 보게 하고, 성령으로 충만하게 하시려고

10:1 가이사랴에 고넬료라 하는 사람이 있으니 이달리야 부대라 하는 군대의 백부장이라 2 그가 경건하여 온 집안과 더불어 하나님을 경외하며 백성을 많이 구제하고 하나님께 항상 기도하더니 3 하루는 제 구 시쯤 되어 환상 중에 밝히 보매 하나님의 사자가 들어와 이르되 고넬료야 하니 4 고넬료가 주목하여 보고 두려워 이르되 주여 무슨 일이니이까 천사가 이르되 네 기도와 구제가 하나님 앞에 상달되어 기억하신 바가 되었으니 5 네가 지금 사람들을 욥바에 보내어 베드로라 하는 시몬을 청하라 6 그는 무두장이 시몬의 집에 유숙하니 그 집은 해변에 있다 하더라 7 마침 말하던 천사가 떠나매 고넬료가 집안 하인 둘과 부하 가운데 경건한 사람 하나를 불러 8 이 일을 다 이르고 욥바로 보내니라 9 이튿날 그들이 길을 가다가 그 성에 가까이 갔을 그 때에 베드로가 기도하려고 지붕에 올라가니 그 시각은 제 육 시더라 10 그가 시장하여 먹고자 하매 사람들이 준비할 때에 황홀한 중에 11 하늘이 열리며 한 그릇이 내려오는 것을 보니 큰 보자기 같고 네 귀를 매어 땅에 드리웠더라 12 그 안에는 땅에 있는 각종 네 발 가진 짐승과 기는 것과 공중에 나는 것들이 있더라 13 또 소리가 있으되 베드로야 일어나 잡아 먹어라 하거늘 14 베드로가 이르되 주여 그럴 수 없나이다 속되고 깨끗하지 아니한 것을 내가 결코 먹지 아니하였나이다 한대 15 또 두 번째 소리가 있으되 하나님께서 깨끗하게 하신 것을 네가 속되다 하지 말라 하더라 16 이런 일이 세 번 있은 후 그 그릇이 곧 하늘로 올려져 가니라 17 베드로가 본 바 환상이 무슨 뜻인지 속으로 의아해 하더니 마침 고넬료가 보낸 사람들이 시몬의 집을 찾아 문 밖에 서서 18 불러 묻되 베드로라 하는 시몬이 여기 유숙하느냐 하거늘 19 베드로가 그 환상에 대하여 생각할 때에 성령께서 그에게 말씀하시되 두 사람이 너를 찾으니 20 일어나 내려가 의심하지 말고 함께 가라 내가 그들을 보내었느니라 하시니 21 베드로가 내려가 그 사람들을 보고 이르되 내가 곧 너희가 찾는 사람인데 너희가 무슨 일로 왔느냐 22 그들이 대답하되 백부장 고넬료는 의인이요 하나님을 경외하는 사람이라 유대 온 족속이 칭찬하더니 그가 거룩한 천사의 지시를 받아 당신을 그 집으로 청하여 말을 들으려 하느니라 한대 23 베드로가 불러 들여 유숙하게 하니라

 **말씀 돋보기(관찰)**

1 고넬료의 계급은 무엇이며, 그의 경건함은 삶에서 어떻게 표현되고 있는가?(10:1-2)
a) 계급(1절): 이달리야 부대라 하는 군대의 백부장
b) 경건함의 표현(2절): 하나님 경외, 구제, 기도

> **Tip**
>
> 가이사랴에 고넬료라 하는 사람이 있었는데, 그는 이달리야 부대라 하는 군대의 백부장이었다. 가이사랴는 예루살렘에서 100km 떨어져 있는 먼 곳이다. 헤롯 대왕 때 재건한 항구 도시며, 로마 황제 아우구스투스를 기념하는 도시였다. 유대를 다스리는 로마 총독이 통치 거점으로 삼아 머무는 곳으로 인구 절반이 유대인이었다. 당시 '백부장'은 80-100명으로 구성된 부대를 통솔했으며, '이달리야라 하는 군대'는 군인이 3,000명에 달하는 규모로 정예군이 아니라 6-7개로 구성된 예비군 부대 중 하나였다. 고넬료는 경건한 사람이었고, 온 집안이 하나님을 경외했다. 그의 가족뿐 아니라 종들까지 모두 하나님을 경외한 것이다. 고넬료는 어느 정도 나이가 들어 연륜이 있는 사람이며, 사회적 지위도 높았다. 따라서 이런 사람이 기독교인이 되면 유대인들이 어느 정도 위협을 느꼈을 것이다. 고넬료의 경건은 삶에서 하나님에 대한 경외, 구제와 기도로 표현되었다. 그는 백성을 많이 구제했다. 구제는 유대교가 가장 중요하게 여기는 미덕이었다. 또한 고넬료는 항상 기도했다. '항상'은 그가 늘 기도하는 자세로 삶에 임했고, 정해 둔 시간이 되면 또 기도했다는 뜻이다. 그는 매일 하나님께 겸손히 기도하고 이웃에게는 구제를 베푸는 참으로 좋은 사람이었다.

2 고넬료가 환상 중에 만난 자는 누구인가? 그는 고넬료에게 무엇을 명령했으며, 고넬료는 어떻게 반응했는가?(10:3-5, 7-8)
a) 환상 중에 만난 자(3절): 하나님의 사자

b) 고넬료에게 한 명령(5절): 사람들을 욥바로 보내 베드로를 청하라고 함

c) 고넬료의 반응(7-8절): 하인 둘과 부하 가운데 경건한 사람을 불러 욥바로 보냄

하루는 제구시쯤 되어 환상 중에 하나님의 사자가 고넬료를 찾아왔다. 제구시는 오후 3시인데, 유대인들이 매일 세 번 하나님께 드리는 기도 중 마지막 기도를 드리는 시간이다. 고넬료도 이때 기도를 드리고 있었다. 고넬료가 천사에게 무슨 일인지 묻자, 천사는 고넬료의 기도와 구제가 하나님 앞에 상달되어 기억하신 바 되었다고 말했다. '상달되다'는 그의 기도와 구제가 제물의 향과 연기가 되어 하나님께 올라갔다는 뜻이다. 유대인들은 성전 예배를 통해 하나님께 가까이 나아갔지만, 이방인 고넬료는 기도와 구제를 통해 하나님께 가까이 나아갔다.

천사는 고넬료에게 당장 사람들을 욥바로 보내 베드로를 청하라고 했다. 베드로는 무두장이 시몬의 집에 있으며, 그의 집은 해변에 있다는 말도 해 주었다. 무두장이는 무두질을 업으로 하는 사람, 곧 제혁 업자를 말한다. '무두질'은 짐승의 가죽을 벗기고 가죽에 붙은 지방을 훑어 가죽을 부드럽게 하는 일을 가리킨다. 따라서 이 일은 유대인 사회에서 불결한 직업으로 간주되었다. 그러므로 그가 청해야 할 귀빈이 무두장이 집에 머물고 있다는 것이 다소 충격적일 수 있다.

고넬료는 천사가 떠나자 곧바로 집안 하인 둘과 자기 부하 가운데 경건한 사람 하나를 불러 욥바로 보냈다. 그의 부하가 경건하다는 것은 그도 고넬료처럼 하나님을 경외하는 사람이라는 뜻으로, 이 부하는 고넬료가 하고자 하는 일에 적극적으로 동참할 것이며 모든 예우를 갖추어 베드로를 모셔 올 것이다. 가이사랴에서 욥바까지는 60km가 넘는 먼 길이다. 말을 타고 가도 온종일 걸린다. 그들이 다음 날 정오쯤에 시몬의 집에 도착한 것을 고려하면, 가이사랴를 떠난 지 21시간 만에 욥바에 도착했다.

3 베드로가 환상 중에 본 짐승들은 무엇이며, 그것을 잡아먹으라는 명령을 거부한 이유는 무엇인가? 한편 베드로가 그 짐승들을 먹어도 되는 이유는 무엇인가?(10:12-15)

a) 짐승들(12절): 각종 네 발 가진 짐승, 기는 것, 공중에 나는 것들

b) 명령을 거부한 이유(14절): 속되고 깨끗하지 않다고 생각했기 때문에

c) 먹어도 되는 이유(15절): 하나님이 깨끗하게 하셨기 때문에

제육시(정오)에 옥상에서 기도하던 베드로가 시장해서 사람들에게 음식을 부탁했다. 그는 식사를 기다리다가 환상을 보았다. 베드로는 열린 하늘에서 그릇 하나가 네 귀를 맨 보자기에 싸여 땅으로 내려오는 것을 보았다. 그 그릇 안에는 각종 네 발 가진 짐승과 기는 것과 공중에 나는 것들이 있었다. 모두 다 부정한 짐승이었다.

이때 하늘에서 소리가 들려왔는데 그 짐승들을 잡아먹으라는 명령이었다. 베드로는 평생 속되고 깨끗하지 않은 것을 먹지 않았다면서 절대 그럴 수 없다고 했다. 지금까지 유대교의 음식법(레 11장)을 따랐는데 이제 와서 부정한 짐승을 먹을 수는 없다고 단호하게 거부하며 앞으로도 음식법을 철저하게 지킬 것을 암시한 것이다.

이때 하늘에서 두 번째 소리가 들렸다. 베드로가 기대했던 것과는 달리 예수님은 "하나님께서 깨끗하게 하신 것을 네가 속되다 하지 말라"라고 하셨다. 예전에는 베드로가 말한 것처럼 이 짐승들이 부정했지만, 하나님이 그 짐승들의 부정함을 정결하게 하셨으므로 더는 부정하다는 이유로 거부하지 말라는 뜻이다. 예수님은 베드로에게 새로운 시대가 이미 시작되었음을 알리고자 하신다. 그러므로 베드로는 생각을 바꾸어야 한다. 그의 사고 체계와 가치관에서 옳지 않은 것과 편견을 버려야 한다. 예수님은 이미 모든 음식이 정결하다고 하시며 사람을 부정하게 하는 것은 입으로 들어가는 것이 아니라 그의 안(마음)에서 나오는 것이라고 하셨다.

이 이야기에서 이방인이 교회에 들어오는 것과 음식법은 떼어 놓을 수 없는 관계다. 레위기 20:24-26은 하나님이 이스라엘을 열방에서 구별하신 것처럼 정한 짐승과 부정한 짐승도 구별하셨다고 한다. 정한 짐승과 부정한 짐승은 이스라엘과 열방의 관계를 나타내기 위해 임의로 정한 것이지, 부정한 짐승들이 하나님께 혐오스럽거나 사람들에게 해롭기 때문이 아니라는 뜻이다. 예수님은 더는 유대인과 이방인을 구분하지 않는

시대가 이미 시작되었다고 하신다. 본 텍스트는 사도행전에서 더는 음식
법이 유효하지 않다는 가장 확실한 선언이다.

4 베드로가 기도하기 위해 올라간 장소는 어디이며, 그곳에서 깊은 생
각에 빠져 있을 때 성령께서 하신 명령은 무엇인가?(10:9, 19-20)

a) 기도 장소(9절): 지붕

b) 성령께서 하신 명령(20절): "일어나 내려가 의심하지 말고 함께 가라"

제육시(정오)에 베드로는 기도하기 위해 시몬의 집 지붕으로 올라갔다.
가나안 지역의 집들은 지붕이 평평했다. 보통 집 밖으로 나 있는 계단을
통해 올라갔으며, 집 안의 분주함과 소음을 피할 수 있는 곳이라 기도 장
소로 흔히 사용되었다.

지붕에서 환상을 본 베드로는 하나님이 부정한 짐승들을 정결하게 하셨
다는 것이 무슨 의미인지 알 수 없어 매우 혼란스러웠다. 그가 깊은 생각
에 잠겨 있을 때 성령께서 말씀하셨다. 앞에서는 하늘에서 예수님의 음
성이 들렸는데, 이번에는 성령이 말씀하신다. 성령은 두 사람이 그를 찾
아올 것이니 옥상에서 내려가 의심하지 말고 그들과 함께 가라며, 그들
은 성령인 자기가 보낸 자들이라고 하셨다. '의심하지 말라'는 무슨 일이
벌어지고 있는지 판단하기 위해 주저하지 말라는 뜻이다. 혹은 그들이
이방인이므로 부도덕하고 부정하다며 차별하지 말라는 뜻으로 해석할
수도 있다.

개역개정은 '두 사람'이라고 하지만, 사본에 따라 사람 수를 다양하게 기
록한다. 어떤 사본은 세 사람이라 하고, 어떤 사본은 아예 사람 수를 언
급하지 않는다. 고넬료가 자기 부하와 종 둘을 보낸 것을 고려하면 '세
사람'이 무두장이 시몬의 집을 찾았다.

5 베드로를 찾아온 사람들은 고넬료를 어떻게 소개했으며, 베드로는
그들을 어떻게 맞이했는가?(10:22-23)

a) 고넬료에 대한 소개(22절): 백부장, 의인, 하나님을 경외하는 사람, 유대 온
족속이 칭찬하는 사람

b) 베드로의 반응(23절): 불러들여 유숙하게 함

베드로를 찾아온 세 사람은 그들을 보낸 고넬료를 간단하게 소개했다. 첫째, 그는 백부장이다. 군사적·사회적 지위가 상당한 사람이라는 뜻이다. 둘째, 그는 의인이다. 누가는 그를 소개할 때 '경건한 사람'이라고 했는데, 이곳에서는 유대인인 베드로를 배려해 '의인'으로 대체했다. 유대인들은 이방인이 경건해 봤자 얼마나 경건하겠느냐는 편견을 가지고 있었다. 그러나 이방인이라 해도 율법에 따라 의롭게 살 수는 있다고 했다. 셋째, 그는 하나님을 경외했고, 유대 온 족속이 칭찬하는 사람이었다. 많은 유대인이 고넬료와 그의 의롭고 자비 베푸는 삶을 알고, 그를 아는 유대인마다 모두 이 이방인 백부장을 존경한다는 뜻이다.

세 사람은 고넬료가 베드로를 청하여 말을 들으라는 거룩한 천사의 지시를 받고 자기들을 보냈다고 한다. 가이사랴에 사는 이방인들이 유대인 베드로의 이름을 아는 것도, 그들이 60km 떨어진 욥바에 와서 사람들에게 묻지 않고 베드로가 묵고 있는 무두장이 시몬의 집을 곧바로 찾아온 것도 이 일이 천사의 지시라는 것을 입증한다.

이제야 환상의 의미를 조금씩 깨닫기 시작한 베드로는 주저하지 않고 세 사람을 불러들여 유숙하게 했다. 이때가 오후였으므로 60km을 가기에는 날이 짧다. 게다가 이 사람들은 먼 길을 와서 피곤한 상태다. 그러므로 이날은 자기와 함께 쉬고, 다음 날 함께 가이사랴에 있는 고넬료에게 가자며 그들을 맞아들인 것이다. 이 이방인들을 맞이한 것은 베드로에게 큰일이었다. 그동안 베드로는 이방인과 이렇다 할 교류를 한 적이 없다. 그러므로 이날 밤 같은 숙소에서 함께 묵으며 교제와 친교를 시작한 것은 그의 삶에 큰 변화가 시작되었음을 암시한다. 교회의 유대인 지도자를 대표하는 베드로가 유대인이 참으로 싫어하는 로마 사람을 찾아갈 준비를 하고 있다! 나라와 민족의 장벽을 무너뜨리고 전진하는 복음의 능력이 참으로 경이롭다!

 **삶의 내비게이션(적용)**

1 하나님은 고넬료에게 욥바에 있는 베드로를 청하게 하셨고, 베드로에게는 고넬료가 보낸 사람들을 따라 가이사랴로 가도록 준비시켰다. 당신의 삶과 사역에서 하나님이 준비하신 가장 특별한 만남은 누구인가?

관찰문제 2, 5번 참고. 하나님은 모든 일을 준비해 진행하신다. 전날에는 고넬료에게 욥바에 있는 베드로를 청하라고 하시더니, 이날에는 고넬료가 보낸 사람들을 따라 가이사랴로 가도록 베드로를 준비시키셨다. 하나님은 세상 곳곳에서 모든 사람을 준비시키고 만나게 하신다. 그러므로 우리가 사역이나 혹은 단순한 교제를 위해 주님 안에서 누구를 만나는 것은 절대 우연이 아니다. 하나님이 태초부터 계획하신 일이며, 만나야 할 사람들을 사전에 준비시키신 결과다. 그러므로 모든 선한 만남에 대해 하나님께 감사하며 찬양을 드려야 한다.

하나님이 사역하실 때는 모든 것이 합력해 선을 이룬다. 유대인인 베드로가 환상을 보고, 성령의 말씀을 듣고, 이방인인 고넬료에게 가기 전에 그가 보낸 사람들을 맞이하는 일 등은 마치 오케스트라의 여러 연주자가 한 교향곡을 연주하기 위해 각자의 악기를 연주하는 것과 같다. 하나님은 이처럼 적재적소에 사람들을 두고 서로 만나게 하신다. 하나님의 역사는 이렇게 시작된다. 우리는 만남에 감사하며 사는 습관을 가져야 한다. 좋은 만남은 새로운 시작을 예고하기 때문이다.

하나님은 오늘도 우리의 삶과 사역 가운데 특별한 만남을 통해 그분의 뜻을 이루어 가신다. 무심코 타는 지하철에서 만난 사람과의 대화가 복음의 문이 되었던 일, 아무도 마음을 열지 않는 선교지에서 전혀 예상치 못했던 현지인을 통해 선교의 문이 열린 일, 교회에 처음 온 새신자를 통해 특정 사역의 필요성을 깨닫고 사역의 방향을 바꾸게 된 일, 유튜브 영상이나 온라인 댓글 하나에 감동을 받고 예수님을 믿게 되는 특별한 은혜와 만남을 우리는 경험한다. 이렇듯 우연처럼 보이는 만남도 하나님의 특별한 섭리 속에 있다. 하나님은 반복되는 일상 속에서, 그리고 디지털 공간에서도 만남을 준비하신다. 우리 역시 하나님의 특별한 만남의 도구이며, 또 그 만남을 받을 준비가 되어야 한다. 각자의 삶과 사역을 돌아보고, 하나님이 준비하신 가장 특별한 만남은 누구인지 이야기해 본다.

2 고넬료는 이방인이었지만 하나님을 경외했고, 그의 경외심은 삶에서 구제와 기도로 나타났다. 당신은 삶에서 하나님에 대한 경외와 사랑을 어떻게 표현하고 있는가?

관찰문제 1번 참고. 고넬료는 아직 예수님을 알지 못하지만, 창조주 하나님께 항상 기도할 만큼 신앙이 두터운 사람이었다. 또한 그는 창조주에 대한 경외를 어려운 이웃을 구제하는 일로 표현했다. 누군가가 예수님을 전하기만 하면 곧바로 영접할 수 있도록 하나님이 그의 삶을 준비해 두신 것이다. 우리도 전도하다가 때때로 이런 사람들을 만나지 않는가! 그러므로 전도는 우리 안에 있는 주님이 예비해 두신 사람들을 만나는 일이라 할 수 있다.

우리도 고넬료처럼 하나님에 대한 경외와 사랑을 삶으로 표현하며 살아야 한다. 다른 사람들은 편법을 써도 문제없다고 하지만 하나님 앞에 부끄럽지 않도록 정직함과 성실함으로 살기, 바쁜 일과 중 하나님과 교제하는 시간을 반드시 확보하고 꾸준한 기도와 말씀 묵상으로 하나님과 교제하기, 어렵고 소외된 이웃을 위해 기부와 자원봉사 등에 참여하기, 교회와 선교를 위해 헌금이나 음식 나눔 또는 재능기부 등으로 하나님 사랑을 표현하기, 미워하는 마음과 상처받은 관계에서 '예수님이라면 어떻게 하실까?'를 고민하며 화해와 용서를 선택하기, 욕설과 거짓말을 멀리하고 직장 회식 자리에서도 신앙을 숨기지 않고 그리스도인답게 말하고 행동하며 하나님을 드러내기, 고난 중에도 감사와 찬양으로 하나님을 높이기 등의 모습으로 살아야 한다. 하나님에 대한 경외와 사랑은 예배당 안은 물론이고, 삶의 모든 영역에서 드러나야 한다. 우리가 신앙을 삶으로 살아내는 사람이 될 때, 세상이 하나님을 보게 된다. 각자 삶에서 하나님에 대한 경외와 사랑을 어떻게 표현하고 있는지 이야기해 본다.

3 예수님은 베드로에게 "하나님이 깨끗하게 하신 것을 속되다 하지 말라"라고 하시며 그의 편견과 잘못된 가치관을 바꾸어 주신다. 당신이 복음을 전하는 데 장애물이 되는 편견이나 잘못된 생각이 있다면 어떻게 고쳐야 하는가?

관찰문제 3번 참고. 예수님은 베드로에게 천국 열쇠를 주겠다고 하셨다(마 16:19). 베드로는 이제 자신이 받은 열쇠를 사용해 새로운 문, 곧 이방인들이 하나님 나라로 들어올 수 있는 문을 열어야 한다. 그러나 이 새로운 문을 열기 위해서는 정결한 짐승과 부정한 짐승에 대한 편견과 유대인 및 이방인에 대한 편견을 버려야 한다. 베드로는 낡은 편견을 버리고 하나님 나라의 새로운 질서와 가치관을 껴안아야 한다. 그렇게 해야만 이방인들이 들어올 수 있도록 교회의 문을 열 수 있다.

그동안 베드로는 이방인에게 복음을 전할 생각은 하지 않았다. 그리스도의 복음은 세상 곳곳에 흩어져 있는 유대인만을 위한 것이라고 생각했다. 그의 편견과 잘못된 생각이 무너지고 있다. 하나님 안에서는 유대인도 이방인도, 헬라인도 야만인도, 남자도 여자도, 주인도 종도 없다. 모두 다 하나님의 자녀다. 우리는 복음이 일찍이 유대인과 이방인을 나누는 벽을 무너뜨리고 선을 넘은 것에 대해 감사해야 한다.

우리 또한 복음을 전하는 데 장애가 되는 편견과 고정관념이 있을 수 있다. 예를 들면, 과거에 잘못된 죄를 지었거나 교회에 적대적인 사람은 절대 복음을 받아들이지 않을 것이라는 선입견이 있을 수 있다. 그러나 성경은 모든 사람은 하나님의 형상대로 지음받았고 누구에게든지 구원의 기회가 열려 있다고 말한다. 또한 "신앙은 사적인 것이기 때문에 자발적으로 믿어야지 강요하면 민폐야"라는 사회적 압력 때문에 조용히 혼자 믿는 신앙인들도 있다. 그러나 복음은 생명을 살리는 좋은 소식이며, 복음 전도는 강요가 아니라 초대다. 우리의 침묵은 배려가 아니라 무관심일 수 있음을 알아야 한다. 개인적인 상처 때문에 교회 다니는 사람은 다 위선자라고 오해하는 경우도 있는데, 우리가 진짜 복음을 살아내는 것이 이런 오해를 바꾸는 첫 걸음이고 편견을 깨는 가장 강력한 방법이다. 복음을 가로막는 내 안의 장벽을 성령님이 깨뜨려 주시기를 기도하며, 편견이 아닌 사랑으로 두려움이 아닌 순종으로 나아가기를 소망해야 한다. 각자 복음을 전하는 데 장애물이 되는 편견이나 잘못된 생각은 무엇인지 살펴보고, 그것을 어떻게 고쳐야 할 것인지 이야기해 본다.

기도로 마무리한다.

제10주 관찰문제를 예습해 오게 한다.

실천과제를 제시한다.

생활의 아로마(실천)

예 1) 삶속에서 복음 전도를 가로막는 편견과 선입견은 무엇인지 돌아보고, 한 두 가지 장벽을 무너뜨리는 실천을 해 본다.

2) 하나님에 대한 경외와 사랑을 그리스도인다운 말과 행동을 통해 구체적 으로 표현한다.

제10주 고난에 비례하는 은혜

학습목표

하나님은 복음을 전하는 주의 자녀들을 위해 일하시고 끝까지 보호하신다는 것을 믿고, 언제 어디서나 복음 전하는 삶을 살도록 힘쓴다.

KEYWORD **고난, 은혜, 성장**

I. 찬양과 기도

II. 지난주 실천과제 나눔

III. 복습문제 풀이

 **복습**

1 고넬료의 계급은 무엇이며, 그의 경건함은 삶에서 어떻게 표현되고 있는가?(10:1-2)

   a) 계급(1절): 이달리야 부대라 하는 군대의 백부장

   b) 경건함의 표현(2절): 하나님 경외, 구제, 기도

12:1 그 때에 헤롯 왕이 손을 들어 교회 중에서 몇 사람을 해하려 하여 2 요한의 형제 야고보를 칼로 죽이니 3 유대인들이 이 일을 기뻐하는 것을 보고 베드로도 잡으려 할새 때는 무교절 기간이라 4 잡으매 옥에 가두어 군인 넷씩인 네 패에게 맡겨 지키고 유월절 후에 백성 앞에 끌어 내고자 하더라 5 이에 베드로는 옥에 갇혔고 교회는 그를 위하여 간절히 하나님께 기도하더라 6 헤롯이 잡아 내려고 하는 그 전날 밤에 베드로가 두 군인 틈에서 두 쇠사슬에 매여 누워 자는데 파수꾼들이 문 밖에서 옥을 지키더니 7 홀연히 주의 사자가 나타나매 옥중에 광채가 빛나며 또 베드로의 옆구리를 쳐 깨워 이르되 급히 일어나라 하니 쇠사슬이 그 손에서 벗어지더라 8 천사가 이르되 띠를 띠고 신을 신으라 하거늘 베드로가 그대로 하니 천사가 또 이르되 겉옷을 입고 따라오라 한대 9 베드로가 나와서 따라갈새 천사가 하는 것이 생시인 줄 알지 못하고 환상을 보는가 하니라 10 이에 첫째와 둘째 파수를 지나 시내로 통한 쇠문에 이르니 문이 저절로 열리는지라 나와서 한 거리를 지나매 천사가 곧 떠나더라 11 이에 베드로가 정신이 들어 이르되 내가 이제야 참으로 주께서 그의 천사를 보내어 나를 헤롯의 손과 유대 백성의 모든 기대에서 벗어나게 하신 줄 알겠노라 하여 12 깨닫고 마가라 하는 요한의 어머니 마리아의 집에 가니 여러 사람이 거기에 모여 기도하고 있더라 13 베드로가 대문을 두드린대 로데라 하는 여자 아이가 영접하러 나왔다가 14 베드로의 음성인 줄 알고 기뻐하여 문을 미처 열지 못하고 달려 들어가 말하되 베드로가 대문 밖에 섰더라 하니 15 그들이 말하되 네가 미쳤다 하나 여자 아이는 힘써 말하되 참말이라 하니 그들이 말하되 그러면 그의 천사라 하더라 16 베드로가 문 두드리기를 그치지 아니하니 그들이 문을 열어 베드로를 보고 놀라는지라 17 베드로가 그들에게 손짓하여 조용하게 하고 주께서 자기를 이끌어 옥에서 나오게 하던 일을 말하고 또 야고보와 형제들에게 이 말을 전하라 하고 떠나 다른 곳으로 가니라 18 날이 새매 군인들은 베드로가 어떻게 되었는지 알지 못하여 적지 않게 소동하니 19 헤롯이 그를 찾아도 보지 못하매 파수꾼들을 심문하고 죽이라 명하니라 헤롯이 유대를 떠나 가이사랴로 내려가서 머무니라 20 헤롯이 두로와 시돈 사람들을 대단히 노여워하니 그들의 지방이 왕국에서 나는 양식을 먹는 까닭에 한마음으로 그에게 나아와 왕의 침소 맡은 신하 블라스도를 설득하여 화목하기를 청한지라 21 헤롯이 날을 택하여 왕복을 입고 단상에 앉아 백성에게 연설하니 22 백성들이 크게 부르되 이것은 신의 소리요 사람의 소리가 아니라

하거늘 [23] 헤롯이 영광을 하나님께로 돌리지 아니하므로 주의 사자가 곧 치니 벌레에게 먹혀 죽으니라 [24] 하나님의 말씀은 흥왕하여 더하더라

건너뛴 장 내용 요약

11장 예루살렘 교회의 반응(1-18절), 안디옥 교회가 세워짐(19-26절), 안디옥 교회가 예루살렘 교회를 도움(27-30절)

 **말씀 돋보기(관찰)**

1 헤롯이 죽인 사도는 누구이며, 왜 죽였는가? 이에 대해 유대인들은 어떻게 반응했는가?(12:1-3, Tip)
   a) 죽은 사도(2절): 요한의 형제 야고보
   b) 죽인 이유(Tip): 유대인들의 환심을 사려고
   c) 유대인들의 반응(3절): 기뻐함

> **Tip** 헤롯은 요한의 형제이자 세베대의 아들인 야고보를 칼로 죽였다. 이 헤롯은 아그리파 1세로 헤롯 대왕의 손주다. 그는 주후 41년 로마 황제로부터 유대 왕으로 임명받은 후 주후 44년에 죽을 때까지 나라를 다스렸다. 헤롯은 유대인의 지지를 얻으려고 많이 노력했으며, 유대인이 싫어한다는 이유로 그 역시 기독교를 싫어했다. 그는 권력을 잡자마자 교회를 핍박하기 시작했다.
>
> 야고보는 사도 중 첫 순교자가 되었고, 기독교 역사에서는 스데반에 이어 두 번째 순교자가 되었다. 원래 범죄자를 처형할 권한이 로마 사람에게만 있었음에도 헤롯이 야고보를 죽인 것을 보면 로마 사람들이 그에게 이러한 권한을 부여한 것으로 보인다. 헤롯은 기독교인의 수가 많아지자 그들을 미워하는 유대인들의 환심을 사려고 로마에 대한 반역 등 정치적인 죄명을 뒤집어씌워 죽였을 것이다.

유대인들은 헤롯이 야고보를 죽인 일을 기뻐했다. 생명을 귀하게 여기시는 창조주 하나님을 믿는다는 자들이 타락해서 사람 죽이는 일을 기뻐한다! 기독교와 유대교의 괴리감이 극복할 수 없을 만큼 커져 가고 있다. 유대교 지도자들이 잔혹함과 살생으로 기독교를 계속 압박한 것이 둘 사이를 갈라놓았다.

2 헤롯이 야고보에 이어 죽이려고 잡아들인 사도는 누구인가? 그러자 예루살렘 교회는 어떻게 대응했는가?(12:3-5)
a) 잡힌 사도(3절): 베드로
b) 예루살렘 교회의 대응(5절): 하나님께 기도함

헤롯은 유대인들이 자신의 만행을 보고 기뻐하자 한층 고무되어 사도들의 리더인 베드로도 죽이려고 잡아들였다. 그러나 베드로를 잡아들인 때가 무교절 기간이라 곧바로 처형하지 못하고 절기가 끝날 때까지 기다려야 했다. 무교절은 유월절 다음 날부터 일주일간 진행되는 절기다. 이 절기에는 하나님이 이집트에서 노예 생활을 하던 이스라엘을 해방시켜 그분의 백성으로 삼으신 일을 기념한다. 유대인들은 유월절에 예수님을 죽였는데, 이번에는 베드로를 죽이려고 한다. 하나님은 이 절기 때 이집트에서 노예로 죽어 가던 그들을 살리셨는데, 그들은 살기로 가득하다.
사도들의 대표이자 교회의 가장 중요한 지도자인 베드로가 감옥에 갇혀 처형될 위기에 처하자, 예루살렘 교회가 그를 위해 간절히 하나님께 기도했다. '간절히'는 누가가 누가복음에서 예수님이 겟세마네 동산에서 기도하시던 일, 곧 땀이 땅에 떨어지는 핏방울같이 되도록 기도하시는 장면에서 사용한 단어다. 또한 '갇혔다'와 '기도하더라'는 둘 다 미완료형이다. 군인들은 베드로를 절대 놓치지 않겠다는 일념으로 지키고 있고, 성도들은 하나님께 그를 풀어 달라며 쉬지 않고 기도하고 있다. 군인들과 성도들이 베드로를 중간에 두고 영적인 싸움을 벌이는 상황이다.

3 감옥에 갇힌 베드로를 탈출시킨 분은 누구인가? 탈출한 베드로가 찾아간 곳은 어디며, 사람들의 반응은 어땠는가?(12:11-15)

a) 탈출시킨 분(11절): 주님

b) 찾아간 곳(12절): 마가라 하는 요한의 어머니 마리아의 집

c) 사람들의 반응(15절): 믿지 않고 그(베드로)의 천사로 여김

베드로가 갇혀 있는 감옥에 갑자기 주의 사자가 나타나니 감옥이 그가 발하는 광채로 가득했다. 베드로의 양팔을 자기 몸에 묶고 함께 자고 있던 간수들이 베드로가 옥에서 나가는 것을 전혀 눈치채지 못한 것으로 보아 이 일은 하나님이 행하신 기적이다. 사도행전에서는 천사들이 하나님의 시중을 들어 여러 가지 일을 하느라 바쁘다! 천사는 베드로에게 띠를 띠고 신을 신어 옥에서 나갈 준비를 하라고 했다. 베드로는 지금 꿈을 꾸고 있는지, 혹은 실제 상황인지 구분하지 못한 채 비몽사몽간에 천사를 따라갔다. 천사는 베드로를 데리고 첫 번째와 두 번째 파수를 지났으며, 예루살렘 시내로 통하는 쇠문의 자물쇠도 풀리게 했다. 그러고는 베드로를 예루살렘 시내 거리에 두고 떠났다. 드디어 정신을 차린 베드로는 하나님이 그를 헤롯의 손과 유대 백성의 모든 기대에서 벗어나게 하고자 행하신 일이라는 것을 깨달았다.

베드로는 곧바로 마가라 하는 요한의 어머니 마리아의 집으로 갔다. 그곳에는 여러 사람이 모여 기도하고 있었다. 베드로가 마리아의 집 대문을 두드리자 로데라 하는 여자아이가 영접하러 나왔다. 로데는 평소에 베드로를 잘 알고 있었기 때문에 목소리만 듣고도 문을 두드리는 자가 베드로라는 사실을 곧바로 알아차렸다. 너무나도 기쁜 나머지 로데는 집 안으로 달려가 기도하고 있는 사람들에게 베드로가 대문 밖에 서 있다고 알렸다! 그런데 그토록 베드로를 위해 기도한 사람들이 정작 베드로가 나타났다는 로데의 말을 믿지 않는다! 그들은 로데가 미쳤다고 말했다. 하지만 로데가 주장을 굽히지 않자, 다른 사람들은 베드로의 천사가 찾아온 것이라 했다. 유대인들은 모든 사람이 수호천사의 보호를 받는다고 생각했다. 그러므로 베드로의 수호천사가 찾아온 것으로 생각한 것이다. 하나님은 옥에서 베드로를 풀려나게 하심으로써 예루살렘 성도들의 바람을 초월하는 은혜를 베푸셨다. 베드로의 감옥 탈출은 유대 백성의 모든 기대를 꺾는 일이었지만, 예루살렘 성도들에게는 그들의 기대를 뛰어

넘은 일이었다.

4 헤롯은 베드로를 지키던 군인들을 어떻게 처결했으며, 주님은 헤롯을 어떻게 심판하셨는가?(12:19, 23)
　a) 군인들에 대한 헤롯의 처결(19절): 심문하고 죽이라고 명령함
　b) 헤롯에 대한 하나님의 심판(23절): 주의 사자가 그를 쳐 벌레에게 먹혀 죽음

날이 새자 군인들은 베드로가 사라진 것을 알아차리고 적지 않게 소동했다. 로마법은 군인(간수)이 포로(죄인)를 놓칠 경우, 그 포로가 받을 벌을 대신 받게 했다. 헤롯이 베드로를 죽일 계획이었으므로, 그를 감시하던 군인들은 베드로를 다시 잡아들이지 못하면 모두 죽게 된다.

아무리 찾아도 베드로를 찾지 못하자 헤롯은 화가 머리끝까지 치밀어 올라 베드로를 지키던 군인 16명(각각 4명으로 구성된 4개 조)을 모두 죽이도록 명령했다. 이 같은 폭력성은 인기를 탐하다가 실패한 자들의 특징이다. 헤롯은 군인들을 심문하면서 이번 일 역시 사람이 막을 수 없는 불가사의한 일이라는 것을 알아차렸을 것이다. 그러나 그는 기적을 행하신 하나님을 믿지 않았다. 오히려 하나님이 하시는 일을 막을 수 없는 애꿎은 군인들만 죽였다. 그러고는 유대를 떠나 가이사랴로 가서 그곳에서 머물렀다.

가이사랴에서 개인 보좌관 블라스도의 주선으로 두로와 시돈 사람들을 만난 날, 헤롯은 왕복을 입고 단상에 앉아 백성에게 연설했다. 두로와 시론 사람들은 헤롯이 다스리는 지역에서 생산된 양식을 수입해 먹고 사는 상황이었기 때문에 헤롯의 소리가 인간의 소리가 아니라 신의 소리라며 아첨을 떨었다. 헤롯이 영광을 하나님께 돌려야 하는데 그렇게 하지 않자 주의 사자가 그를 쳐 벌레에게 먹혀 죽게 했다. 요세푸스는 헤롯이 신의 음성을 들었다는 사람들을 나무라거나 그들의 거짓 칭찬을 거부하지 않았기 때문에 두로와 시돈 사람들을 만난 후 심한 복통을 앓다가 5일 후에 죽었다고 한다.

5 유대인들과 헤롯의 기독교 탄압에도 불구하고 하나님의 말씀은 어떻

게 되어 갔는가?(12:24)
흥왕하여 더해 감
....

 누가는 유대인들과 헤롯이 그리스도인들을 대상으로 일삼은 폭력과 살생에도 불구하고 하나님의 말씀이 흥왕하여 더해 갔다고 한다. '흥왕하다'는 계속 자란다는 뜻이다. 하나님의 말씀이 점점 더 널리 퍼지고, 믿는 사람이 많아진 것이다. 누구도 하나님이 하시는 일을 막을 수 없다. 하나님은 복음을 통해 구원하시는 일을 세상 끝 날까지 이어 가실 것이다.

예루살렘 교회에 관한 자세한 이야기는 이 본문이 마지막이다. 스데반이 순교할 때 시작된 핍박에도 불구하고 아직 예루살렘 교회가 있는 것을 보면, 그동안 예루살렘 성도들이 유대교의 변방에서 조용히 있었던 것으로 생각된다. 오순절 때의 활기차고 생기가 넘치는 모습을 찾아볼 수 없게 된 것이다. 그럼에도 불구하고 하나님은 의기소침해 있는 예루살렘 교회를 사랑하셔서 기적을 베푸신다. 앞으로 활기찬 모습은 안디옥 교회에서 볼 수 있다. 누가는 이 요약적 회고를 통해 예루살렘 교회 이야기를 마무리하고 안디옥 교회 이야기로 이어 가고자 한다. 또한 사도행전의 중심인물이 베드로에서 바나바와 바울로 넘어가는 시점이기도 하다. 기독교 교회의 이야기가 다음 단계로 넘어가고 있다.

VI. 적용과 나눔

 **삶의 내비게이션(적용)**

1 베드로가 감옥에 갇혀 죽게 될 위기에 처했을 때, 예루살렘 성도들은 베드로를 위해 기도했고 하나님은 기적을 베푸셨다. 당신이 어려움을 겪는 이웃이나 교회 공동체를 위해 기도하면서 하나님께 받은 기적 같은 은혜와 위로는 무엇인가?

관찰문제 2, 3번 참고. 하나님은 천사를 보내 옥에 갇힌 베드로를 살리셨다. 베드로는 아직 곳곳에 복음을 전하며 하나님 나라를 위해 해야 할 일이 많은 사람이다. 하나님은 베드로가 맡은 사명을 다할 때까지 앞으로도 그를 보호하고 보존하실 것이다. 하나님은 언제든 기적을 베푸셔서 자기 백성을 구하실 수 있다. 우리가 누군가를 위해 기도할 때 하나님이 크신 능력과 은혜를 베푸시기를 기도해야 한다. 예루살렘 성도들은 베드로를 위해 계속 기도했으면서도 정작 그가 풀려나자 믿지 않았다. 그들은 베드로가 아무 해를 받지 않고 풀려나는 일은 불가능하다는 것을 기정사실로 받아들이고, 다만 재판에서 좋은 판결을 받거나 심한 처벌을 받지 않도록 기도했기 때문이다. 만일 그들이 하나님이 기적을 베푸셔서 베드로가 아무런 해를 받지 않고 감옥에서 걸어 나오게 해 달라고 기도했다면, 베드로가 오자마자 그를 반겼을 것이다. 우리는 이웃을 위해 기도할 때 더 큰 은총을 사모하며 그들을 축복해야 한다.

베드로를 위해 기도하던 초대교회 성도들의 모습처럼 오늘날에도 공동체의 기도가 하나님의 놀라운 역사로 이어지는 것을 많이 볼 수 있다. 위중한 질병에 걸려 투병 중인 성도를 위해 교회가 하루도 빠짐없이 기도했을 때 기적처럼 회복된 이야기, 사업 실패로 경제적 위기에 빠진 성도를 위해 소그룹에서 함께 기도하며 조용히 생활비와 식료품 등을 전달하고 위로한 이야기, 사역의 열매가 보이지 않아 낙심한 개척 교회 목회자를 위해 특별 헌금을 하고 기도하며 위로한 이야기, 자연재해로 어려움을 겪은 이웃 교회와 가정들을 위해 지역 교회가 연합해 재정과 인력을 지원한 이야기 등은 고난 중에 있는 이웃을 위해 기도할 때 하나님이 어떻게 역사하시는지를 보여 주는 살아 있는 간증이다. 베드로를 구원하신 하나님의 손길은 지금도 여전히 교회 가운데 역사하고 계신다. 각자 어려움을 당한 이웃이나 교회 공동체를 위해 기도하면서 하나님께 받은 기적 같은 은혜와 위로는 무엇인지 이야기해 본다.

2 헤롯은 유대인들의 환심을 사기 위해 야고보를 죽였고, 야고보는 복음을 위해 순교했다. 그리고 베드로는 감옥에 갇혔다. 지금 당신이 복음을 위해 직면하고 있는 어려움은 무엇인가?

관찰문제 1번 참고. 하나님의 뜻이 아니면 복음을 선포하는 주의 자녀들은 절대 죽지 않는다. 헤롯은 베드로를 죽이고자 했다. 하지만 헤롯의 계획과는 반대로 하나님은 베드로를 죽이려 했던 헤롯을 죽이셨다. 복음을 전파하는 베드로는 자유를 누리고 복음을 방해하는 헤롯은 죽음을 맞이하는 하나님의 은혜와 심판이 동시에 일어난 것이다. 하나님을 모독하고 자신이 신인 것처럼 행세하는 자는 분명히 심판받는다. 또한 복음 선포와 하나님 일을 방해하는 어떠한 권세도 하나님 앞에서 안전할 수 없다. 그러므로 복음을 전하다가 핍박받고 고난당하더라도 실망하거나 낙심할 필요가 없다. 하나님의 때가 이르면 그들은 모두 심판받아 망하기 때문이다.

지금도 그리스도인 중에 복음을 위해 고난과 어려움을 당하는 사람이 많다. 직장에서 기독교 신앙을 드러냈다가 따돌림을 당하고 승진에서 불이익을 받는 부정적인 사회적 분위기, 종교가 다른 가족들과 언쟁이 반복되며 신앙적으로 갈등을 빚는 일, 동성애와 낙태 같은 사회적 이슈에 대해 성경의 가르침을 말했다가 '혐오 발언'이자 '시대에 뒤떨어진 사고'라며 비난받는 일, 선교지에서 복음을 전했다가 현지 정부로부터 비자 연장을 거부당하고 감시 대상이 되는 일 등이 여전히 존재한다. 이 같은 사례들은 야고보와 베드로가 경험했던 핍박처럼 오늘날에도 복음을 따르는 삶이 쉽지 않다는 것을 보여 준다. 하지만 그 가운데서도 여전히 하나님은 일하고 계시며, 교회는 사명을 감당하고 있다. 각자의 삶에서 복음을 위해 현재 직면하고 있는 어려움은 무엇인지 이야기해 본다.

3 하나님은 복음을 전하는 베드로를 살리시고, 하나님의 일을 방해하는 헤롯은 죽음으로 심판하셨다. 하나님 나라는 계속 왕성하게 자라간다. 당신이 하나님 나라와 복음이 계속 성장하도록 돕고 있는 사역(사람, 선교 단체)은 무엇인가?

관찰문제 4, 5번 참고. 헤롯이 죽이려 했던 베드로와 하나님이 죽이신 헤롯의 운명이 대조된다. 복음을 전하던 베드로는 계속 왕성하게 사역했다. 반면에 복음 선포를 반대하던 헤롯은 하나님의 손에 죽었다. 사람은 하나님의 일을 반대할 수 없다. 하나님의 일을 반대하는 자는 자폭하는 운명을 맞을 뿐이다.

그러므로 우리는 복음을 힘써 전하고, 하나님 나라가 자라가도록 적극적으로 도와야 한다. 예를 들면, 다음 세대를 위한 제자 훈련 사역, 성경 번역 및 배급 사역, 가난하고 소외된 사람을 섬기고 복음을 전하는 빈민구제 사역, 대학 캠퍼스 안에서 학생들에게 복음을 전하고 훈련하는 캠퍼스 복음화 사역, 박해받는 북한 성도들을 위해 교회가 연합해 기도하거나 선교 단체 및 국제구호단체 등을 통해 후원하는 사역 등이 있다. 이러한 사역들을 통해 오늘날에도 하나님의 나라는 계속해서 왕성하게 자라가고 있다. 우리가 기도하고 동역할 때, 하나님은 사람과 공동체를 통해 하나님의 나라를 확장해 가신다. 각자 하나님 나라와 복음이 계속 성장하도록 돕고 있는 사역(사람, 선교 단체)은 무엇인지 이야기해 본다.

Ⅶ. 마무리

기도로 마무리한다.
제11주 관찰문제를 예습해 오게 한다.
실천과제를 제시한다.

 **생활의 아로마(실천)**

예 1) 하나님 나라와 복음 확장을 위해 내가 도울 수 있는 사역을 찾아보고, 적극적으로 참여한다.

엑스포지멘터리 성경공부 시리즈 · 사도행전 | 인도자용

제11주 보내는 자와 보냄을 받은 자

하나님이 그분의 일을 위해 우리를 부르실 때, 금식하고 기도하며 하나님 뜻에 순종하도록 힘쓴다.

KEYWORD **선교, 방해, 순종**

I. 찬양과 기도

II. 지난주 실천과제 나눔

III. 복습문제 풀이

 복습

1 헤롯이 야고보에 이어 죽이려고 잡아들인 사도는 누구인가? 그러자 예루살렘 교회는 어떻게 대응했는가?(12:3-5)

a) 잡힌 사도(3절): 베드로

b) 예루살렘 교회의 대응(5절): 하나님께 기도함

13:1 안디옥 교회에 선지자들과 교사들이 있으니 곧 바나바와 니게르라 하는 시므온과 구레네 사람 루기오와 분봉 왕 헤롯의 젖동생 마나엔과 및 사울이라 2 주를 섬겨 금식할 때에 성령이 이르시되 내가 불러 시키는 일을 위하여 바나바와 사울을 따로 세우라 하시니 3 이에 금식하며 기도하고 두 사람에게 안수하여 보내니라 4 두 사람이 성령의 보내심을 받아 실루기아에 내려가 거기서 배 타고 구브로에 가서 5 살라미에 이르러 하나님의 말씀을 유대인의 여러 회당에서 전할새 요한을 수행원으로 두었더라 6 온 섬 가운데로 지나서 바보에 이르러 바예수라 하는 유대인 거짓 선지자인 마술사를 만나니 7 그가 총독 서기오 바울과 함께 있으니 서기오 바울은 지혜 있는 사람이라 바나바와 사울을 불러 하나님의 말씀을 듣고자 하더라 8 이 마술사 엘루마는 (이 이름을 번역하면 마술사라) 그들을 대적하여 총독으로 믿지 못하게 힘쓰니 9 바울이라고 하는 사울이 성령이 충만하여 그를 주목하고 10 이르되 모든 거짓과 악행이 가득한 자요 마귀의 자식이요 모든 의의 원수여 주의 바른 길을 굽게 하기를 그치지 아니하겠느냐 11 보라 이제 주의 손이 네 위에 있으니 네가 맹인이 되어 얼마 동안 해를 보지 못하리라 하니 즉시 안개와 어둠이 그를 덮어 인도할 사람을 두루 구하는지라 12 이에 총독이 그렇게 된 것을 보고 믿으며 주의 가르치심을 놀랍게 여기니라

 말씀 돋보기(관찰)

1 안디옥 교회에서 사역하는 선지자들과 교사들은 누구이며, 그들 중 이제부터 사도행전의 중심인물이 될 두 사람은 누구인가?(13:1, Tip)

   a) 안디옥 교회의 선지자들과 교사들(1절): 바나바, 니게르라 하는 시므온, 구레네 사람 루기오, 분봉 왕 헤롯의 젖동생 마나엔, 사울

   b) 중심인물(Tip): 바나바와 사울

안디옥 교회에는 선지자와 교사가 여럿 있었다. 바나바, 시므온, 루기오, 마나엔, 사울 등 다섯 사람이 대표적인 지도자였다. 언급된 사람들과 그들의 출신지를 보면 안디옥과 그 안에 있는 교회는 이미 여러 인종과 문화권에서 온 사람으로 구성된 코즈모폴리턴임을 알 수 있다. 성경에는 안디옥 교회의 가장 중요한 리더라 할 수 있는 바나바가 가장 먼저 언급된다. 그는 예루살렘 교회가 안디옥 교회로 파견한 유대인 그리스도인이지만, 원래 지중해에 있는 섬 구브로 출신이다. 두 번째로 언급된 시므온은 '니게르', 즉 흑인이다. 아마도 아프리카에서 온 사람이었을 것이다. 세 번째 루기오는 구레네, 곧 오늘날 북아프리카에 위치한 리비아 출신이다. 네 번째로 언급되는 마나엔은 분봉 왕 헤롯의 젖동생이다. 분봉 왕 헤롯은 세례 요한을 죽이고, 예수님 재판에도 관여한 사람이다. '젖동생'은 '함께 자란 사람'으로 어릴 적부터 친구이거나 왕궁에서 왕자와 함께 자라난 아이들에게 주어진 타이틀이거나 헤롯의 최측근이라는 뜻이다. 마나엔은 귀족(상류층) 출신 유대인이며, 그가 누가에게 헤롯에 대한 정보를 제공했을 수도 있다. 마지막으로 언급되는 사울은 다소에서 태어난 디아스포라 유대인으로 예루살렘으로 유학을 가 바리새인 선생 가말리엘에게 배웠다. 구약을 꿰뚫고 있다는 뜻이다. 그는 교회를 핍박하다가 다메섹으로 가는 길에 예수님을 만나 선교사가 되었다. 안디옥에 오기 전에는 다메섹, 아라비아와 나바타에아, 길리기아 등에서 선교했다.

이제부터는 베드로가 아니라 바나바와 사울이 사도행전의 중심인물이다. 그러다가 바나바와 사울이 '마가라 하는 요한' 때문에 심하게 다투고 각자 사역의 길을 가면서 바울이 중심인물이 된다. 그때부터 저자인 누가가 바울과 함께할 것이기 때문이다.

2 성령께서 시키시는 일과 이를 위해 안디옥 교회에 하신 명령은 무엇인가? 안디옥 교회는 어떻게 순종했는가?(13:2-3, Tip)

a) 성령께서 시키시는 일(Tip): 선교

b) 안디옥 교회에 하신 명령(2절): "내(성령)가 불러 시키는 일을 위하여 바나바와 사울을 따로 세우라"

c) 안디옥 교회의 순종(3절): 금식하며 기도하고 두 사람에게 안수하여 보냄

안디옥 교회의 성도들이 주를 섬겨 금식할 때 성령께서 말씀하셨다. 성령은 자신이 시키는 일을 위해 바나바와 사울을 따로 세우라고 하셨다. 성령이 시키시는 일은 선교다. 바나바와 사울에게 선교의 사명을 줄 테니 그들을 따로 세우라고 하신 것이다. 성령이 바나바와 사울을 따로 세우라고 하시는 것은 안디옥 교회에서 전도에 대한 열정과 은사가 가장 확실한 사람들을 선교사로 세우는 것을 의미한다. 그들은 리더십과 가르침에서도 가장 뛰어난 사람들이다. 또한 안디옥 교회에서 1년 이상 함께 사역하며 각별한 호흡을 보여 주었다. 성령은 안디옥 교회 가운데서 최고를 보내라고 하신다. 교회는 이런 사람들을 선교사로 파견해야 한다. 선교는 참으로 뛰어난 사람들이 해도 쉽지 않기 때문이다.

성령의 말씀에 따라 바나바와 사울을 따로 세운 안디옥 교회는 그들을 위해 금식하며 기도하고 두 사람에게 안수해 선교사로 보냈다. '금식'은 간절함과 갈급함의 표현이다. '안수'는 교회가 앞으로 그들과 계속 관계를 유지하며 돕겠지만, 하나님의 은혜에 그들을 전적으로 맡긴다는 의미를 지닌 상징적인 행동이다. 안디옥 교회는 바나바와 사울에게 직책을 맡기기 위해 안수한 것이 아니라 구체적인 사역, 곧 선교를 위해 안수한 것이다. 선교를 위해 파송받은 바나바와 사울은 앞으로 여러 교회를 돌며 "각 교회에서 장로들을 택하여 금식 기도하며 그들이 믿는 주께 그들을 위탁"할 것이다. 가는 곳마다 교회를 세우고, 이미 교회가 세워져 있다면 그 교회가 주님 안에서 더욱더 강건하게 설 수 있도록 가르치고 양육할 것이다.

3 바나바와 사울이 구브로의 살라미에서 먼저 말씀을 전한 장소는 어디이며, 그곳을 찾은 이유는 무엇인가?(13:5)

a) 말씀을 전한 장소(5절): 유대인의 여러 회당

b) 이유(Tip): 먼저 유대인에게 복음을 전해야 한다는 원칙 때문에

바나바와 사울은 실루기아로 내려가 거기서 배를 따고 구브로로 갔다. 구브로는 이집트, 유대, 페니키아, 그리스, 아시리아, 페르시아 등에서 모여든 여러 민족의 집합체였다. 목재와 구리를 주로 수출했으며, 건조한

날씨를 유지했다. 구브로는 바나바의 고향이며, 예루살렘 혹은 안디옥에서 넘어온 사람들이 이미 이곳에 복음을 전했다(11:19). 그러므로 바나바와 사울의 이번 여정은 이미 세워진 교회를 방문해 격려하는 일을 포함했다.

구브로에 도착한 바나바와 사울은 섬의 동쪽에 있는 살라미에서 선교를 시작했다. 살라미는 구브로의 중요한 도시였으며, 상업의 중심지였다. 구브로에서 유대인이 가장 많이 모여 사는 곳이었다. 바나바와 사울은 먼저 '유대인의 여러 회당'에서 말씀을 전했다.

그들이 먼저 유대인의 회당을 찾은 것은 그리스도인은 먼저 유대인에게 복음을 전해야 한다는 원칙을 따랐기 때문이다. 그러나 앞으로는 유대인에게 먼저 가지 않고 곧바로 이방인에게 복음을 선포하는 일이 잦아질 것이다.

4 바나바와 사울이 바보에서 만난 두 사람은 누구이며, 그들은 각각 어떤 태도를 취했는가?(13:6-8)

a) 바보에서 만난 두 사람(6-7절): 바예수라 하는 유대인 거짓 선지자인 마술사, 총독 서기오 바울

b) 두 사람의 태도(7-8절): 총독 서기오 바울은 바나바와 사울을 불러 하나님의 말씀을 듣고자 했지만, 마술사 바예수(엘루마)는 바나바와 사울을 대적해 총독이 믿지 못하게 힘씀

바나바와 사울은 바보에서 바예수라는 유대인 거짓 선지자이자 마술사를 만났다. 그는 구브로의 총독 서기오 바울과 함께 있었다. '바예수'는 '예수의 아들'이라는 의미를 지닌 아람어 이름이다. 바예수는 유대인이면서 마술사다. 아마도 별의 움직임을 보고 점을 치는 점성술사였을 것이다. 게다가 그는 거짓 선지자다. 그렇다면 바예수는 유대인이 해서는 안 될 짓만 골라서 하고 있다. 율법은 거짓 선지자를 돌로 치고, 마술사는 죽이라고 하기 때문이다. 바예수는 '엘루마'라는 이름으로도 불렸는데, '엘루마'는 '마술사'라는 의미를 지닌 이름이다.

서기오 바울은 주후 46-48년 당시 이 섬의 총독이었다. 바예수가 섬을

다스리는 총독과 함께 있었다는 것은 서기오가 그를 수행원 중 하나로 삼아 옆에 두고 수시로 상의하며 조언을 구했다는 뜻이다. 그러므로 바예수가 서기오에게 행한 영향이 상당했다는 것을 짐작할 수 있다. 서기오 바울은 지혜가 있는 사람이라 바나바와 사울을 불러 하나님의 말씀을 듣고자 했다. 그는 상황을 판단할 지혜가 있고, 새로운 가르침에 마음이 열려 있는 사람이었다는 의미다. 그러므로 그는 바나바와 사울이 전에 들어보지 못한 메시지(복음)를 듣고 바보를 방문했다는 소식을 듣고 그들을 청한 것이다.

하지만 바예수(엘루마)는 총독이 바나바와 사울을 만나 그리스도의 복음을 받아들이면 자기의 영향력에서 벗어날 것으로 생각해 총독이 믿지 못하도록 총공세를 펼쳤다. 엘루마는 악한 의도로 하나님이 하시는 일을 방해하는 자다. 그러므로 이 사건은 하나님을 대표하는 바나바와 사울이 마귀의 하수인인 바예수와 영적인 싸움을 벌인 일이라 할 수 있다.

5 사울의 로마식 이름은 무엇이며, 그가 정죄한 바예수의 죄목과 심판은 무엇인가?(13:9-11)

a) 사울의 로마식 이름(9절): 바울

b) 바예수의 죄목(10절): 모든 거짓과 악행이 가득한 자요 마귀의 자식이요 모든 의의 원수

c) 바예수에 대한 심판(11절): 맹인이 되어 얼마 동안 해를 보지 못함

바울이라고 하는 사울이 성령으로 충만해 바예수를 주목했다. 그동안 히브리어 이름 '사울'로만 불리던 그가 드디어 로마식(라틴어) 이름 '바울'로 불리기 시작했다. 앞으로 주로 이방인을 상대로 사역할 것이기 때문에 히브리어 이름보다는 로마식 이름이 적합하다. 다메섹으로 가는 길에 경험한 회심이 그의 이름을 바꾼 것이 아니라 이방인 선교를 위해 이름을 바꾸었다. 앞으로 바울은 다메섹으로 가는 길에 주님을 만난 일을 회고할 때만 사울이란 이름을 사용할 것이다. '바울'은 '작은'이라는 의미를 지닌다.

성령으로 충만한 바울은 바예수를 세 가지로 정죄했다: (1)모든 거짓과

악행이 가득한 자, (2)마귀의 자식, (3)모든 의의 원수. 엘루마가 거짓과 악행으로 가득하다는 것은 성령으로 가득한 바울과 극명한 대조를 이룬다. 바예수를 마귀의 자식이라고 하는 것은 마귀에게 영감을 받아 마귀가 하라는 대로 하는 '마귀의 추종자'라는 뜻이다. 엘루마가 모든 의의 원수라는 것은 그가 의의 근원이자 의로 세상을 구원하고자 하시는 하나님의 일을 방해하며, 불의하고 악한 일을 하도록 사람들을 부추긴다는 뜻이다.

이 같은 재능을 겸비한 바예수는 하나님의 일을 반대하기 위해 사탄이 세울 만한 가장 적합한 자라 할 수 있다. 그래서 그는 이러한 재능을 가지고 주의 바른 길을 굽게 하기를 그치지 않고 있다. '주의 바른 길'은 사람이 예수님을 통해서 구원에 이르는 길을 뜻한다. 하나님이 총독 서기오를 구원하시려고 예수님을 통해 구원에 이르는 길을 바나바와 바울을 통해 선포하시는데 그가 자꾸 왜곡하고 방해하고 있다.

바예수를 마귀의 자식이라며 맹렬하게 비난한 바울이 그에게 심판을 선언했다. 이 심판 또한 '주의 손'이 하시는 일이다. 엘루마는 얼마 동안 맹인이 되어 아무것도 보지 못할 것이다. 바울이 이렇게 선포하자 즉시 안개와 어둠이 바예수를 덮어 그가 인도할 사람을 두루 구했다. 총독 서기오는 자기 눈앞에서 벌어지는 일을 보고 믿으며 주의 가르침을 놀랍게 여겼다.

 삶의 내비게이션(적용)

1 하나님은 안디옥 교회에서 가장 뛰어난 선생이자 리더인 바나바와 사울을 선교를 위해 보내고자 지명하셨고, 안디옥 교회는 하나님의 선택에 순종했다. 당신이 가족이나 교회 구성원 가운데 선교나 사역을 위해 축복하며 보냈던 사람은 누구이며, 그때 어떤 자세로 보냈는가?

관찰문제 2번 참고. 하나님이 따로 세워 쓰시고자 할 때, 교회의 최고 인재라 해도 기꺼이 드려야 한다. 하나님은 안디옥 교회에서 가장 뛰어난 선생이자 리더인 바나바와 사울을 교회 밖으로 보내고자 지명하셨고, 교회는 하나님의 선택에 순종했다. 교회로서는 붙잡아 두고 싶고, 계속 교회 사역을 맡기고 싶은 참으로 아까운 인재들을 교회 밖으로 내보내는 일이다. 그러나 안디옥 교회는 하나님이 이들만 할 수 있는 일을 맡기기 위해 그들을 택하신 것을 믿었다. 그러므로 순종했다. 우리도 하나님이 들어 쓰시고자 할 때, 아쉽지만 기쁜 마음으로 가장 훌륭한 사람들을 보낼 수 있어야 한다. 하나님 나라의 관점에서는 우리의 손해가 수십 배의 축복으로 바뀌어 하나님을 영화롭게 하기 때문이다.

지금 우리의 삶에서도 선교를 위한 하나님의 부르심과 보내심이 계속되고 있다. 형이나 동생이 하나님의 부르심을 받고 이슬람 국가로 선교를 떠나겠다고 할 때 걱정과 염려가 많았지만 함께 기도하며 하나님의 부르심에 순종한 이야기, 공동체 지체가 선교 훈련을 받고 선교지로 나가겠다고 할 때 헌신적인 일꾼을 놓치고 싶지 않은 마음이 있지만 온 교회가 함께 기도하고 축복하며 선교지로 파송한 이야기, 전문직에 종사하며 안정된 직장 생활을 하던 자녀가 갑자기 직장을 내려놓고 선교사로 헌신하겠다고 했을 때 잘못된 선택이라며 말리다가 '하나님이 주셨으니 하나님께 드린다'는 믿음으로 보냈더니 오히려 부부의 신앙이 더 깊어진 이야기 등이 있다.

이처럼 선교를 떠나는 사람 못지않게 보내는 사람의 자세 또한 중요하다. 선교는 우리의 계획이 아니라 하나님의 부르심과 선택에서 시작되기 때문에 하나님의 뜻에 순종하고, 기도로 함께하고, 물질과 마음과 시간과 관심을 아낌없이 지원하고, 하나님이 하실 일을 기대하는 믿음으로 보내는 자세가 필요하다. '보내는 것도 선교'라는 사명 앞에서 믿음으로 함께 서야 한다. 각자 선교나 사역을 위해 축복하며 보냈던 사람은 누구이며, 그때 어떤 자세로 보냈는지 이야기해 본다.

2 바나바와 바울이 복음을 전했을 때, 총독 서기오는 복음을 듣고자 했지만, 바예수는 노골적으로 복음을 훼방했다. 당신이 복음을 전할 때 방해하는 요소는 무엇이며, 그것에 어떻게 대응하고 있는가?

관찰문제 4번 참고. 전도와 선교의 현장에서 두 종류의 사람을 만날 수 있다.

첫 번째는 바예수처럼 노골적으로 복음을 거부하며 훼방하는 사람들이다. 이런 사람을 만나면 시간 낭비하지 말고 다른 사람을 찾아 이동하는 것이 좋다. 그렇지 않으면 그와 영적 전쟁을 할 각오를 해야 한다. 하나님이 이들을 만지시기까지 우리는 기도하며 기다려야 한다.

두 번째는 서기오 총독처럼 지혜가 있어 진리에 관심이 많은 사람이다. 이런 사람은 복음을 전하면 쉽게 영접한다. 하나님 나라에 그들이 찾고 있는 진리가 있기 때문이다. 이런 사람을 만나면 그들이 주님을 영접한 후에도 한동안 그들과 머물며 진리를 가르쳐 주어야 한다. 진리에 대한 굶주림을 채워 주어야 하기 때문이다.

오늘날 우리가 복음을 전할 때도 서기오 바울처럼 복음을 갈망하는 자가 있는 반면, 바예수처럼 복음을 노골적으로 방해하는 자도 있다. 복음 전파는 영적 전쟁의 현장이며, 그만큼 다양한 방해 요소가 존재한다. 예를 들면 이단, 세속 철학, 영적 무지, 기독교에 대한 편견과 선입견, 개인적인 상처나 부정적인 경험, 거절에 대한 두려움과 수치심, 성공, 돈, 쾌락과 같은 세상적 가치, 학교나 직장에서 신앙을 표현하기 어려운 사회적 분위기 등이 있다.

이러한 요소들이 복음 전파를 방해할 때 어떻게 대응해야 하는가? 성령의 지혜와 담대함으로 정면 대응하기, 복음 전파는 영적 전쟁이기 때문에 끝까지 기도로 싸우기, 복음을 거부하거나 비난하는 자에게 정죄가 아니라 사랑과 인내로 대하기, 말씀과 삶의 본으로 설득하기, 바나바와 바울이 함께 사역한 것처럼 소그룹이나 공동체와 함께 대응하며 전략적으로 복음 전하기 등으로 대응할 수 있다. 하나님은 복음을 듣고자 하는 마음을 가진 자를 반드시 찾으시고, 방해하는 자의 거짓을 드러나게 하신다. 우리가 해야 할 일은 진리의 말씀을 담대히, 그러나 사랑으로 전하며, 기도와 성령의 능력으로 싸우는 것이다. 복음은 방해를 받아도 결국 승리한다! 각자 복음을 전할 때 방해하는 요소는 무엇인지, 그것에 어떻게 대응하는지 이야기해 본다.

3 사울은 이방인 선교를 위해 자신의 이름을 바울이라는 로마식 이름으로 바꾸었다. 당신이 속한 공동체(교회, 가정, 직장, 학교 등)에서 이방인처럼 느껴지는 사람들에게 복음을 전하기 위해 취해야 할 태도나 방식은 무엇인가?

관찰문제 5번 참고. 사울은 히브리식 이름이며, 이는 그가 바리새인으로서 유대 전통 안에 깊이 뿌리내린 인물이었음을 나타낸다. 사울은 유대 사회 안에서 존경받는 이름이었고, 율법에 열심이었던 그에게 잘 어울리는 이름이다. 한편 바울은 로마식 이름으로 라틴어로 '작은 자'를 의미한다. 이는 바울이 자기를 항상 겸손하게 낮추며 사역하고자 하는 고백과 연결된다.

사울이 바울로 이름을 바꾼 이유는 '바울'이라는 로마식 이름이 이방인들에게 더 친숙하고 수용적이었기 때문이다. 이방인을 위한 사도로 부름받은 그는 서기오 바울에게 복음을 전할 때부터 '바울'이라는 이름을 공식적으로 사용하기 시작한다. 이 시점은 바울이 유대 중심 사역을 이방 중심 사역으로 전환하는 상징적인 순간이다. 이름을 바꾸는 것은 단순한 호칭의 문제가 아니라 자신을 이방 문화에 철저히 맞춘 선교 전략이었다. 더 나아가 복음을 위해 자신을 낮추고 겸손히 사역하겠다는 신앙적 고백이었다. 이처럼 사울에서 바울로 이름을 바꾼 것은 선교적 목적, 정체성의 변화, 겸손한 헌신의 상징이다.

우리도 복음을 전하기 위해 기꺼이 자신을 낮추고, 문화에 맞게 다가가는 유연함이 필요하다. 우리가 속한 교회와 가정, 직장, 학교 등에서 이방인처럼 느껴지는 사람들, 즉 소외되었거나 낯설게 여겨지는 사람들에게 복음을 전하기 위해서는 예수님의 마음과 바울의 지혜를 본받아 세심하고 진실하게 접근해야 한다. 상대방의 존재를 존중하고 진심으로 관심 가지기, 말하려 하기보다 들어 주는 자세로 다가가기, 학생에게는 학생의 말로 직장인에게는 삶의 언어로 복음 설명하기, 상대의 문화와 표현 방식과 관심사를 이해하며 문화적·감정적 거리 줄이기, 진실한 삶의 태도로 복음을 보여 주기, 함께 식사하고 대화하고 기도 제목을 물으며 지속적으로 관계 맺기, 무엇보다 전도할 기회를 얻도록 성령의 인도하심 구하기 등과 같은 자세를 취할 때 복음이 효과적으로 전달될 수 있다. 각자 속한 모든 곳에서 이방인처럼 소외된 사람은 누구인지 살펴보고, 그들에게 복음을 전하기 위해 어떤 태도나 방식이 필요한지 이야기해 본다.

기도로 마무리한다.

제12주 관찰문제를 예습해 오게 한다.
실천과제를 제시한다.

 **생활의 아로마**(실천)

예 1) 선교사를 파송하거나 선교 보고를 할 때 관심을 기울이고, 그들을 위해 지
속적으로 기도하며 적극적으로 후원한다.

제12주 은혜로 받는 구원

학습목표

구원은 오직 예수 그리스도를 믿음으로 받는다는 기독교의 진리 안에서 책임감 있고 자유로운 신앙생활을 한다.

KEYWORD **믿음, 은혜, 구원**

I. 찬양과 기도

II. 지난주 실천과제 나눔

III. 복습문제 풀이

 복습

1 성령께서 시키시는 일과 이를 위해 안디옥 교회에 하신 명령은 무엇인가? 안디옥 교회는 어떻게 순종했는가?(13:2-3, Tip)

　　a) 성령께서 시키시는 일(Tip): 선교

　　b) 안디옥 교회에 하신 명령(2절): "내(성령)가 불러 시키는 일을 위하여 바나바와 사울을 따로 세우라"

　　c) 안디옥 교회의 순종(3절): 금식하며 기도하고 두 사람에게 안수하여 보냄

15:1 어떤 사람들이 유대로부터 내려와서 형제들을 가르치되 너희가 모세의 법대로 할례를 받지 아니하면 능히 구원을 받지 못하리라 하니 2 바울 및 바나바와 그들 사이에 적지 아니한 다툼과 변론이 일어난지라 형제들이 이 문제에 대하여 바울과 바나바와 및 그 중의 몇 사람을 예루살렘에 있는 사도와 장로들에게 보내기로 작정하니라 3 그들이 교회의 전송을 받고 베니게와 사마리아로 다니며 이방인들이 주께 돌아온 일을 말하여 형제들을 다 크게 기쁘게 하더라 4 예루살렘에 이르러 교회와 사도와 장로들에게 영접을 받고 하나님이 자기들과 함께 계셔 행하신 모든 일을 말하매 5 바리새파 중에 어떤 믿는 사람들이 일어나 말하되 이방인에게 할례를 행하고 모세의 율법을 지키라 명하는 것이 마땅하다 하니라 6 사도와 장로들이 이 일을 의논하러 모여 7 많은 변론이 있은 후에 베드로가 일어나 말하되 형제들아 너희도 알거니와 하나님이 이방인들로 내 입에서 복음의 말씀을 들어 믿게 하시려고 오래 전부터 너희 가운데서 나를 택하시고 8 또 마음을 아시는 하나님이 우리에게와 같이 그들에게도 성령을 주어 증언하시고 9 믿음으로 그들의 마음을 깨끗이 하사 그들이나 우리나 차별하지 아니하셨느니라 10 그런데 지금 너희가 어찌하여 하나님을 시험하여 우리 조상과 우리도 능히 메지 못하던 멍에를 제자들의 목에 두려느냐 11 그러나 우리는 그들이 우리와 동일하게 주 예수의 은혜로 구원 받는 줄을 믿노라 하니라 12 온 무리가 가만히 있어 바나바와 바울이 하나님께서 자기들로 말미암아 이방인 중에서 행하신 표적과 기사에 관하여 말하는 것을 듣더니 13 말을 마치매 야고보가 대답하여 이르되 형제들아 내 말을 들으라 14 하나님이 처음으로 이방인 중에서 자기 이름을 위할 백성을 취하시려고 그들을 돌보신 것을 시므온이 말하였으니 15 선지자들의 말씀이 이와 일치하도다 기록된 바

16 이 후에 내가 돌아와서

다윗의 무너진 장막을

다시 지으며

또 그 허물어진 것을

다시 지어 일으키리니

17 이는 그 남은 사람들과

내 이름으로 일컬음을 받는

모든 이방인들로

주를 찾게 하려 함이라

하셨으니 [18] 즉 예로부터 이것을 알게 하시는 주의 말씀이라 함과 같으니라 [19] 그러므로 내 의견에는 이방인 중에서 하나님께로 돌아오는 자들을 괴롭게 하지 말고 [20] 다만 우상의 더러운 것과 음행과 목매어 죽인 것과 피를 멀리하라고 편지하는 것이 옳으니 [21] 이는 예로부터 각 성에서 모세를 전하는 자가 있어 안식일마다 회당에서 그 글을 읽음이라 하더라

건너뛴 장 내용 요약

14장 이고니온 선교(1–7절), 루스드라와 더베 선교(8–21a절), 안디옥으로 돌아옴(21b–28절),

V. 관찰문제의 바른 답

🔍 말씀 돋보기(관찰)

1 유대로부터 내려온 어떤 사람들은 누구이며, 그들이 가르친 내용은 무엇인가?(15:1, Tip)

   a) 어떤 사람들의 정체(Tip): 거짓 형제들, 예루살렘 교회나 사도들의 허락 없이 내려온 자들

   b) 가르친 내용(1절): 모세의 법대로 할례를 받지 않으면 능히 구원받지 못한다고 가르침

어떤 사람들이 유대로부터 내려와 형제들을 가르쳤다. 예루살렘에서 안디옥까지는 540km나 되는 먼 길이다. 걸어서 3주가량 걸리는 먼 길을 말씀을 전하겠다고 온 이들의 열정이 참으로 대단해 보인다. 그러나 안타까운 것은 잘못된 가르침을 전파하고자 하는 열정으로 가득하다는 사실이다.

이 사람들은 누구인가? 이들은 '거짓 형제들'(갈 2:4)이며, 예루살렘 교회나 사도들의 허락 없이 내려온 자들이 확실하다. 그리고 이방인 성도에

게 할례를 요구하는 것을 보면 바리새파에 속한 자들일 것이다. 그동안 안디옥 교회 지도자들은 모든 성도에게 그리스도인이 된 이방인은 할례를 받을 필요가 없으며, 율법도 지킬 필요가 없다고 가르쳤다. 이러한 상황에서 유대로부터 내려온 자들은 모세의 법대로 할례를 받지 아니하면 능히 구원받지 못한다고 가르쳤다.

할례를 받지 않으면 능히 구원받지 못한다는 그들의 주장은 이단 사설이다. 이미 믿음으로 예수님을 구주로 영접해 죄 사함을 받고 구원을 얻어 하나님의 자녀가 된 사람들에게 아직 구원받지 못했다며 그들이 구원받은 사실을 부인하기 때문이다. 또한 구원을 얻기 위해 율법을 지켜야 한다는 것은 예수님의 삶과 죽음과 부활로는 하나님의 자녀가 되기에 부족하다는 말이다. 더 나아가 율법을 지켜야 구원을 얻는다는 것은 사람이 믿음으로 구원에 이르는 것이 아니라 행위로 구원을 얻는다는 뜻이다. 만일 행위로 구원을 얻는다면, 우리는 죽는 순간까지 구원의 확신을 가질 수 없다. 그러므로 율법에 따라 할례를 받지 않으면 구원받지 못한다는 주장은 기독교의 구원론을 완전히 뒤집어 놓은 매우 심각한 이단 사설이다.

2 안디옥 교회는 유대로부터 내려온 자들의 거짓 가르침을 해결하기 위해 어떤 결정을 내렸으며, 선교 보고를 들은 예루살렘 성도 중 바리새파 사람들은 어떤 주장을 했는가?(15:2, 5)

a) **안디옥 교회의 결정(2절):** 바울과 바나바와 및 그중의 몇 사람을 예루살렘에 있는 사도와 장로들에게 보내기로 작정함

b) **바리새파의 주장(5절):** 이방인에게 할례를 행하고 모세의 율법을 지키라고 명하는 것이 마땅하다고 주장함

바울과 바나바는 유대로부터 내려온 자들과 심하게 다투며 논쟁했다. 안디옥 교회는 이 문제를 예루살렘에 있는 사도와 장로들에게 의뢰하기로 했다. 이번 기회를 통해 모든 교회에 적용할 지침을 구하기로 한 것이다. 그들은 바울과 바나바와 교회 지도자 몇 명을 안디옥 교회의 대표로 세워 예루살렘으로 보냈다.

안디옥 교회의 전송을 받은 대표들은 베니게와 사마리아를 지나며 곳곳에 있는 교회에서 이방인들이 주께 돌아온 일에 대해 '선교 보고'를 했다. 그들은 이방인 선교를 '하나님이 자기들과 함께 계시며 행하신 일'이라고 한다. 자신들은 하나님의 도구일 뿐 모든 일은 하나님이 하신 일이라며 하나님께 영광을 돌리는 것이다. 그들의 간증과 증언을 들은 각 교회의 형제들이 모두 다 크게 기뻐했다.

그러나 이방인 선교에 대한 보고를 받은 예루살렘 교회의 바리새파 중 어떤 믿는 사람들은 이방인들이 하나님의 백성이 된 것을 기뻐하는 것이 아니라, 그들에게도 할례를 행하고 모세의 율법을 지키게 해야 한다고 했다. 이들은 매우 강경한 보수파 유대인 그리스도인이다. 그들은 기독교가 유대교의 한 종파이므로 이방인 성도들도 유대교로 개종한 자들처럼 할례를 받고 율법을 지켜야 한다고 생각했다. 바울도 바리새인 출신이지만 이들의 관점은 바울의 것과 참으로 대조적이다.

3 하나님이 베드로를 택하신 이유는 무엇인가? 유대인뿐 아니라 이방인도 하나님 백성이 되었다는 증거는 무엇인가?(15:7-8)
a) 베드로를 택하신 이유(7절): 이방인들이 복음의 말씀을 듣고 믿게 하시려고
b) 하나님 백성의 증거(8절): 유대인과 이방인에게 동일한 성령을 주심

베드로는 하나님이 이방인 선교를 위해 세우신 첫 사도다. 베드로는 이방인들이 자기 입에서 복음의 말씀을 듣고 믿게 하려고 하나님이 오래 전부터 그를 택하셨다고 한다. 그는 예수님을 통해 죄 사함을 받고 하나님의 자녀가 된다는 '복음'에 대한 올바른 반응은 '믿음'이라고 한다. 사실 베드로는 하나님이 이방인들을 구원하실 것이라고 생각하지 않았기 때문에 처음에는 선뜻 나서지 않았다. 그러나 하나님은 베드로의 생각과 상관없이 이방인들을 구원하셨다. 베드로는 수년 전에 예루살렘을 떠나 곳곳에서 이방인에게 선교하다가 왔다. 그가 이방인 선교에 눈을 뜨게 된 계기는 고넬료와 친지들의 회심이다. 베드로는 이 일 이후 전도를 통해 하나님께 인도한 수많은 이방인을 떠올렸을 것이다.

베드로는 사람의 마음을 아시는 하나님이 유대인과 이방인에게 동일한

성령을 주셔서 유대인뿐 아니라 이방인도 하나님의 백성이 되었음을 증언하셨다고 한다. 하나님은 누구보다도 사람의 마음을 잘 아시는 분이다. 이방인의 마음도 잘 아시는 하나님이 그들에게 구원을 베풀 만하다며 유대인에게 주신 성령을 그들에게도 주셨다. 성령의 임재는 하나님이 이방인을 유대인처럼 그분의 백성으로 받으신 일을 보증한다. 중요한 것은 할례를 받지 않은 이방인들에게 성령이 임했다는 사실이다. 하나님은 이방인을 자기 백성으로 삼으실 때, 그들에게 먼저 할례를 요구하지 않으시고 그들의 모습 그대로 받으셨다.

4 하나님이 이방인과 유대인을 차별하지 않으시는 근거는 무엇이며, 구원의 효력은 어디에서 나오는가?(15:9, 11)
a) 차별하지 않으시는 근거(9절): 믿음
b) 구원의 효력(11절): 주 예수의 은혜

베드로는 하나님이 믿음으로 이방인들의 마음을 깨끗이 하셔서 이방인과 유대인을 차별하지 않으셨다고 한다. 하나님이 믿음으로 이방인과 유대인의 경계를 허무신 것이다. 성령은 2장에서 새로운 시대의 시작을 알리며 유대인 성도들에게 임하신 것처럼, 10장에서는 이방인들에게 임하시며 새로운 시대의 시작을 알리셨다. 새로운 시대는 이방인 고넬료와 그의 친지들이 할례와 율법이 아닌 믿음으로 구원에 이르게 했다.

베드로는 유대인들도 메지 못한 멍에를 제자들 목에 두는 것은 옳지 않다고 한다. 유대인들도 메지 못한 멍에는 율법을 의미한다. 제자들은 예수님을 구주로 영접해 하나님의 자녀가 된 이방인들이다. 이 이방인들은 이미 예수 그리스도께서 이루신 일을 통해 구원을 얻었다. 그러므로 이미 구원을 얻은 사람들이 구원을 얻기 위해 율법도 지켜야 한다는 것은 그들이 쓸 필요가 없는 멍에에 불과하다. 또한 이방인들에게 율법을 지켜야 한다는 멍에를 지게 하는 것은 하나님을 시험하는 일이다. 하나님은 이미 믿음으로 이방인들의 마음을 깨끗하게 하셨다. 그러므로 그들에게 율법을 지키라고 하는 것은 그들을 부정하게 여기는 것이며, 동시에 하나님이 정결하다고 하신 선언을 부인하는 행위이므로 하나님을 시험하는 것이라 할 수 있다.

베드로는 이방인이나 유대인이나 주 예수의 은혜로 구원받는 것은 동일하다고 한다. 아무리 모세 율법에 대해 잘 알고 준수하는 유대인이라도 율법을 통해서 구원받는 것은 아니다. 이는 사도행전에 기록된 베드로의 마지막 말이며, 그의 신학이 반영된 신앙 고백이기도 한다. 그가 한 마지막 일이 이방인 선교의 정당성을 옹호한 것이라는 사실이 인상적이다.

5 이방인들이 하나님의 백성이 되는 것은 어디에 예언되어 있는가? 야고보는 이방인들이 피해야 할 네 가지로 무엇을 제안했는가? (15:18-20)

a) 이방인의 구원에 대한 예언(18절): 예로부터 알게 하시는 주의 말씀(구약의 말씀)

b) 이방인이 피해야 할 네 가지(20절): 우상의 더러운 것, 음행, 목매어 죽인 것, 피

야고보는 아모스 9:11-12을 인용해 이방인들이 하나님의 백성이 된 것은 선지자들을 통해 이미 예언된 일이므로 당연하다고 한다. 아모스는 하나님이 먼 훗날 다윗의 무너진 장막을 다시 세우실 것이며, 허물어진 것을 다시 지어 일으키실 것이라고 했다. 주의 백성 이스라엘의 회복에 대한 예언이다. 하나님이 다윗의 장막을 다시 세우시는 것은 이스라엘 사람만을 위한 일이 아니다. 온 인류를 위해 다윗의 장막을 다시 일으키신다. 그러므로 아모스가 예언한 회복된 주의 백성 이스라엘은 아브라함의 후손과 이방인을 모두 포함한다.

하나님은 이방인들이 예수님을 믿어 하나님의 백성이 되는 일을 이미 구약 선지자들의 예언을 통해 알리셨다. 그러므로 야고보는 이방인 중에서 하나님께 돌아오는 자들을 괴롭게 하지 말라고 한다. 이방인들이 할례와 율법이 아니라 믿음으로 구원을 얻어 주님의 백성이 되는 일은 오래전부터 하나님이 계획하시고 선지자들을 통해 알려 주신 일이기 때문이다.

다만 야고보는 이방인 성도들이 피해야 할 네 가지를 제안한다. 첫째, '우상의 더러운 것'이다. 이는 우상 숭배로 인해 오염된 것과 우상에게

바친 재물을 뜻하며, 우상 숭배도 포함한다. 둘째, '음행'이다. 음행은 당시 거의 모든 문화권에 널리 퍼져 있는 매우 흔한 죄였으므로 이러한 경고가 필요하다. 또한 신전 매춘도 흔한 일이었기 때문에 제일 먼저 언급한 우상 숭배와도 연관이 있다. 셋째는 목매어 죽인 것이며, 넷째는 피다. 고대 사람들은 사람의 생명이 피 안에 있다고 생각했다. 창조주에게 속한 생명에 대한 경이로움을 표현하기 위해 성경은 짐승을 먹을 때 피를 먼저 땅에 흘려 버리고 고기만 먹으라고 한다. 목매어 죽인 짐승은 아직 피가 몸 안에 굳은 상태로 있으므로 먹기에 적합하지 않다.

야고보가 이방인 성도들에게 이렇게 제안한 것은 이 지침들이 영구적으로 준수해야 할 원리적인 기준이기 때문이 아니다. 유대인들은 이런 것들을 매우 혐오했다. 교회는 여전히 유대인을 전도하고 있으며, 교회 안에도 유대인이 많았다. 따라서 그들의 문화와 정서를 포용하는 의미에서 이렇게 하자고 제안한 것이다.

 삶의 내비게이션(적용)

1 예루살렘에서 안디옥으로 내려온 사람들과 바리새파 그리스도인들은 이방인 그리스도인들도 자신들과 같이 할례를 받고 모세의 율법을 지켜야 한다고 주장했다. 당신이 옳다고 생각하는 신앙적 가치관(관습)이나 태도를 다른 사람에게 은연중에 강요했던 것은 무엇인가?

관찰문제 2번 참고. 본문은 우리가 자라 온 환경과 배경이 얼마나 큰 영향을 미칠 수 있는지 되돌아보게 한다. 유대에서 안디옥으로 온 사람들은 유대교에 속한 자들이다. 또한 이방인 선교에 대한 보고를 듣고 기뻐하기는커녕 바울과 바나바가 잘못했다며 이방인에게도 할례를 행하고 율법을 가르쳐야 한다고 주장하는 이들도 유대교에서 자란 사람들이다. 그들은 자신이 살아온 배경의 노예가 되어 있으며, 익숙한 옛 방식대로만 생각할 뿐 기독교 진리를 받아들일 생각을 하지 못한다. 우리도 혹시 과거에서 비롯된 선입견과 편견에 얽매여 진리를 왜곡하거나 보지 못하는 것은 아닌지 되돌아보아야 한다.

우리도 때로 자신이 옳다고 생각하는 신앙적 가치나 태도를 정답처럼 여기며 타인에게 강요하는 경우가 있다. 어떤 사람은 자유로운 찬양에 익숙하고 어떤 사람은 전통적인 찬양을 친숙하게 느낄 수 있음에도 자신이 선호하는 예배 방식이 옳다고 규정하며 다른 사람에게 강요하는 경우, 겉모습보다 중심을 보시는 하나님의 시선을 놓치고 옷차림이나 외모 등 외적인 잣대로 다른 사람을 판단하는 경우, 새벽기도나 주중 예배 참여도를 가지고 신앙의 좋고 나쁨을 판단하는 경우, 신앙의 성숙도와 은사와 삶의 형편을 고려하지 않고 나의 헌신 기준을 다른 사람에게도 동일하게 적용하는 경우, 기도할 때 성경 구절을 넣어서 기도하거나 길게 기도해야 응답을 받는다며 형식적이고 인위적인 경건함을 요구하는 경우 등이 그렇다. 율법의 틀 대신 은혜의 품으로 다른 사람들을 초대할 수 있어야 한다. 각자 옳다고 생각하는 신앙적 가치관(관습)이나 태도를 다른 사람에게 은연중에 강요했던 것은 무엇인지 돌아보고, 이야기해 본다.

2 예루살렘 회의는 결국 '구원은 오직 예수 그리스도를 믿음으로 은혜로만 가능하다'는 결론을 내렸다. 당신이 예수님을 믿고 이미 구원받았음에도 여전히 믿음 외에 더 추가되어야 한다고 생각하는 것이 있다면 무엇인가?

관찰문제 4번 참고. 구원은 오직 예수 그리스도를 믿음으로 얻는 것이지 율법을 지키거나 선행 등을 통해 얻는 것이 아니다. 사도들과 예루살렘 교회 장로들은 사람이 어떻게 또한 언제 구원받는지를 두고 논의했다. 그리고 할례를 받은 적 없고 율법을 지킨 적 없는 이방인들이 구원에 이르게 된 것은 하나님이 시작하신 일이며, 성령도 회심한 이방인 성도들에게 많은 기적을 베풂으로써 그들의 구원이 할례나 율법 준수에 상관없이 하나님이 이루신 일이라는 것을 확인해 주셨다는 결론을 내렸다. 유대인이든 이방인이든 상관없이 모든 사람은 예수님을 믿음으로써 구원을 얻는다. 그러므로 사도들과 장로들은 오직 믿음으로 구원에 이른다는 기독교 진리를 고수했다.

그러나 우리는 자신도 모르게 믿음 외에 무언가를 더해야 할 것처럼 여기는 잘못된 생각을 할 때가 있다. 예를 들면 착한 행실이나 선한 삶, 열심과 헌신, 외적인 변화, 기적이나 방언 또는 예언 같은 체험, 세례나 주일 성수 등이 구원을 위해 추가적으로 필요하다고 생각하는 것이다. 이런 생각은 '믿음+a=구원'이라는 복음의 변질로 이어질 수 있다. 자칫 은혜로 시작한 신앙을 인간의 노력이나 자격으로 유지하려는 오류에 빠지게 된다. 복음은 완전하다. 예수 그리스도 안에서 우리의 구원은 이미 충분하며, 더 이상 덧붙일 것이 없다. 예수님을 믿고 이미 구원받았음에도 여전히 믿음 외에 더 추가해야 한다고 생각하는 것이 있다면 무엇인지 이야기해 본다.

3 야고보는 이방인 성도들이 피해야 할 몇 가지를 제안했다. 공동체 안에 있는 유대인들을 배려하는 차원에서 그들이 혐오스러워하는 일을 자제하도록 요청한 것이다. 당신이 속한 공동체 안에서 배려가 필요한 갈등이나 문화적 차이는 무엇이며, 이를 극복하기 위해 어떤 노력이 필요한가?

관찰문제 5번 참고. 예루살렘 공의회는 충분히 논의하고 결정했다. 논의 과정에서 열띤 논쟁과 변론이 있었고, 누구든지 자유롭게 말할 수 있었다. 많은 논의 끝에 공동체가 결정하면 모든 사람이 그 결정에 순복해야 한다. 성령의 인도하심 아래 사도들과 장로들은 할례와 율법을 따르는 것은 구원과 상관이 없다고 했다. 다만 아직도 유대인이 주변에 많으니 그들을 배려하는 차원에서 그들이 혐오스러워하는 '우상의 더러운 것과 음행과 목매어 죽인 것과 피'는 자제하라고 했다.

이런 결정에도 불구하고 바리새파 그리스도인들이 자신은 계속 율법을 지키겠다고 주장하더라고 사도들은 반대하지 않았을 것이다. 오직 믿음으로 구원에 이른다는 기독교의 기본 진리를 훼손하지 않는다면 말이다. 바리새파 사람들은 자신들의 기준을 다른 사람에게 강요하지 말고 자신의 신앙과 삶을 세우는 데 적용해야 했다. 우리는 본질적인 이슈가 아닌 것에는 부드럽고 은혜로워야 한다.

오늘날 우리 공동체에도 이와 같은 문화적 차이나 갈등을 넘어서는 배려와 조율이 필요하다. 장년층은 조용하고 전통적인 예배를 선호하는 반면 청년층은 자유로운 예배를 선호하는 데서 생기는 신앙 문화적 차이, 경제적인 여유가 있는 사람과 어려움을 겪는 사람 사이에 생겨 나는 위화감, 기존 신자들의 영적 우월감 앞에서 새 신자들이 느끼는 신앙적 위축, 감정 표현이 풍부한 사람과 조용하고 내성적인 사람 간의 표현과 소통 방식 차이, 동성애·젠더·환경·정치 문제 등에 대한 다양한 의견 차이, 다문화 가정이나 외국인 성도들에게 이질감을 느끼거나 그들이 공동체 중심에서 밀려나는 문제 등이 존재한다.

이런 갈등과 문제를 극복하기 위해서는 첫째, 복음의 본질에는 일치가, 비본질적인 부분에 대해서는 자유롭고 유연한 배려의 태도가 필요하다. 둘째, 세대 간 대화의 장이나 문화적 다양성에 대한 훈련 등을 통해 다름을 이해하도록 돕는 구조적인 장치를 마련해야 한다. 셋째, 공동체의 상황을 파악하고 지혜롭게 조율할 수 있는 리더십의 중재와 제안이 필요하다. 넷째, 서로의 벽을 허물 수 있는 지속적인 사랑의 실천이 필요하다. 초대교회가 이방인과 유대인이라는 큰 벽을 '믿음과 배려'로 넘어섰듯이, 오늘날 우리 공동체도 세대와 문화 및 가치관의 차이를 복음의 본질과 사랑의 태도로 극복할 수 있다. 우리는 각자의 틀을 내려놓고, 공동체의 유익을 위해 자제할 줄 아는 사랑의 성숙함을 더해 가야 한다. 각자 속한 공동체 안에서 배려가 필요한 갈등이나 문화적 차이는 무엇이 있으며, 이를 극복하기 위해 어떤 노력이 필요한지 이야기해 본다.

기도로 마무리한다.
다음 과정 성경공부에 초대한다.
실천과제를 제시한다.

 생활의 아로마(실천)

예 1) 지금 속해 있는 공동체 안에 존재하는 갈등이나 문화적 차이는 무엇인지 살펴보고, 나와 다른 신앙적 가치관이나 태도를 가진 사람들에 대해 부드럽고 온화한 태도를 갖는다.

비밀 유지 서약서

나는 이 그룹에서 나눈 것들을 다른 곳에 누설하지 않기로 약속합니다. 또한 다른 그룹원들이 숨기고자 하는 내용을 나누도록 압력을 가하지 않을 것을 약속합니다. 하나님과 그룹원들에게 나의 약속을 성실히 이행할 것을 서약합니다.

서명______________________________________

날짜______________________________________

주	나의 말씀 적용(생활의 아로마)	실천 과정과 결과
1주		
2주		
3주		
4주		
5주		
6주		

주	나의 말씀 적용(생활의 아로마)	실천 과정과 결과
7주		
8주		
9주		
10주		
11주		
12주		

주 \ 이름	1	2	3	4	5
OT (월 일)					
1주 (월 일)					
2주 (월 일)					
3주 (월 일)					
4주 (월 일)					
5주 (월 일)					
6주 (월 일)					
7주 (월 일)					
8주 (월 일)					
9주 (월 일)					
10주 (월 일)					
11주 (월 일)					
12주 (월 일)					
합계					
연락처					
메모 (가족/기도)					

6	7	8	9	10	11	12

송병현 〈엑스포지멘터리 시리즈〉의 저자. 캐나다 틴데일대학교(B. Th.)와 미국 시카고 트리니티 복음주의신학교를 졸업하고(M. Div.) 동 대학원에서 박사학위(Ph. D.)를 받았다. 1997년부터 백석대학교 구약학 교수로 봉직 중이며 2009년부터는 선교지의 지도자 교육을 위해 강사 진을 파송하는 STAR 선교회를 이끌고 있다. 목회자와 신학생뿐 아니라 하나님의 말씀에 진지하게 귀 기울이기 원하는 이 땅의 그리스도인들을 섬기기 위해 활발한 성경 강해와 해석 사역을 펼치고 있다.

송(임)우민 캐나다 틴데일대학교(B. Th.)와 미국 시카고 트리니티 복음주의신학교를 졸업(M. Div.), LA에 있는 탈봇신학교에서 기독교교육학으로 박사학위(Ph. D.)를 받았다. 20여 년간 북미와 한국에서 영어 주일학교 전도사로 교회학교 현장에서 사역했으며, CMIS 캐나다국제학교 이사, Korea Montessori College 교수, 몬테소리 교사 및 컨설턴트 등 다양한 교육학적 경력을 바탕으로 학부모 세미나, 부부 세미나, 교사 세미나와 주요 강사로서 가정과 교회학교를 말씀으로 세우기를 갈망하는 부모와 교사들을 섬기고 있다. 현재 백석예술대학교 보건복지학부 전임교수로 봉직 중이며, 남편 송병현 교수와 함께 STAR 선교회 이사로 섬기고 있다.

엑스포지멘터리 성경공부 시리즈 사도행전 Ⅰ – 인도자용

초판 1쇄 발행 2025년 8월 5일
2쇄 발행 2025년 8월 7일

지은이 송병현, 임우민
구성 신재희

펴낸곳 도서출판 이엠
등록번호 제25100–2015–000063
주소 서울시 강서구 공항대로 222, 1014호
전화 070–8832–4671
E-mail empublisher@gmail.com

내용 및 세미나 문의 스타선교회: 02–520–0877 / EMail: starofkorea@gmail.com / www.star123.kr
Copyright ⓒ 송병현, 임우민, 2025, *Print in Korea.*
ISBN 979–11–93331–10–1 93230

「이 도서의 국립중앙도서관 출판시도서목록(CIP)은 서지정보유통지원시스템 홈페이지(http://seoji.nl.go.kr)와 국가자료공동목록시스템(http://www.nl.go.kr/kolisnet)에서 이용하실 수 있습니다. (CIP제어번호:CIP2015000753)」